edition ✢ chrismon

Margot Käßmann, promovierte Theologin und Mutter von vier Töchtern, war elf Jahre Bischöfin der Evangelisch-lutherischen Landeskirche Hannovers. Nach ihrer Lehrtätigkeit in Atlanta und Bochum ist sie seit April 2012 „Reformationsbotschafterin" der evangelischen Kirche. Mit Integrität und missionarischer Begabung füllt sie wie weiland Martin Luther Kirchen und Vortragssäle und versucht, in den Menschen die Fackel evangelischer Frömmigkeit zu entzünden.

Bibliografische Information der Deutschen Bibliothek:
Die Deutsche Bibliothek verzeichnet diese Publikation in der Deutschen Nationalbibliografie; detaillierte bibliografische Daten sind im Internet über http://dnb.ddb.de abrufbar.

Textauswahl und Übertragung: Dr. Ralph Ludwig, Hannover
Gestaltung: Kristin Kamprad
Titelillustration: Julia Krusch
Druck und Bindung: CPI – Clausen & Bosse, Leck

Printed in Germany, ISBN 978-3-86921-093-3

Margot Käßmann (Hg.)

Schlag nach bei Luther

Texte für den Alltag

edition ✠ chrismon

Inhalt

Vorwort

Das Jahr 2017 steht in der Tat für ein besonderes Jubiläum. Die Evangelische Kirche in Deutschland bereitet sich mit einer ganzen „Lutherdekade" darauf vor, auch international, etwa im Lutherischen Weltbund in Genf (einem Zusammenschluss lutherischer Kirchen in aller Welt) wird überlegt, wie dieses Grunddatum der Reformation wahrzunehmen sei. Sogar der Staat hat das inzwischen aufgenommen. So hat der Bundestag am 20. Oktober 2011 einen gemeinsamen Antrag von CDU/CSU, SPD, FDP und Bündnis 90/Die Grünen angenommen, der das Reformationsjubiläum im Jahr 2017 als „Ereignis von Weltrang" einstuft. Die Bundesregierung wird aufgefordert, sich in die Gestaltung von Lutherdekade und Reformationsjubiläum einzubringen und die Netzwerkbildung zwischen Ländern, Städten, Kirchen und Verbänden zu fördern. Immer wieder wird auf die große kulturelle, religiöse, aber eben auch gesellschaftliche Bedeutung der Reformation hingewiesen. Auch das Land Sachsen-Anhalt sowie die Stadt Wittenberg sehen das Jubiläum als Chance und die Tourismusprognose offenbar ebenso. Mit der Internetseite *www.luther2017.de* werden die unterschiedlichen Aktivitäten inzwischen präsentiert.

Sicher, der Thesenanschlag am 31. Oktober 1517 ist ein symbolisches Datum. Zum einen ist umstritten, wie er sich historisch abgespielt hat, ob es Luther selbst war oder seine Schüler, ob überhaupt etwas an die Schlosskirche angeschlagen wurde oder nicht eher Druckversionen der Thesen verteilt wurden. Ebenso ist deutlich, dass die Reformation ein umfassendes Geschehen ist, das sich in vielfältiger Weise und durch unterschiedliche Personen zu Beginn des 16. Jahrhunderts vollzog. Und Luthers „reformatorische Entdeckung" war gewiss kein plötzlicher Durchbruch, sondern entstand über Jahre in einem Prozess des theologischen Erkennens und der inhaltlichen Auseinandersetzung mit biblischen Texten und kirchlicher Realität.

Dennoch bleibt Martin Luther im Zentrum des Geschehens, so sehr es auch durch andere Personen und gewiss durch die geschichtlichen Umstände geprägt wurde. Er war mit Sicherheit der meistgelesene Autor seiner Zeit und beeinflusste sie.

Schauen wir die kommenden Jahre an, so wird es spannend sein, wie die Lutherrezeption sich vollziehen wird. Der Historiker Hartmut Lehmann hat auf spannende Weise und sehr komprimiert dargestellt, wie die Reformationsjubiläen jeweils von ihrer Zeit geprägt waren[1]. 1617 schildert er als Jubiläum der konfessionellen Selbstvergewisserung, 1717 als Stilisierung Luthers zum frommen Mann der Pietisten oder des Frühaufklärers gegen mittelalterlichen Aberglauben. 1817 wird als religiös-nationale Feier inszeniert in Erinnerung der Völkerschlacht bei Leipzig 1813, Luther wird zum deutschen Nationalhelden. Der 400. Geburtstag 1883 lässt Luther zum Gründungsvater des Deutschen Reiches avancieren und 1917 wurde er schließlich mit Hindenburg gemeinsam zum Retter der Deutschen in Zeiten großer Not. 1933 umgab Luther mit der Aura des gottgesandten Führers oder dessen Vorboten. Und als Tröster der Deutschen wurde er an seinem 400. Todestag gesehen – 1946, als Trost bitter notwendig war. 1983 gab es geradezu ein Gerangel um das Luthererbe in Ost und West. In der DDR war Luther nun nicht mehr Fürstenknecht, sondern Vertreter der frühbürgerlichen Revolution.

Ein solcher Blick zurück muss sensibel dafür machen, dass Reformationsjubiläen heikle Zeitpunkte sind. Wie werden spätere Generationen urteilen über die „Inszenierung" 2017? Werden sie sagen, die Evangelischen wollten Profil gewinnen durch Abgrenzung? Wird es heißen, es wurde versucht, säkulare Öffentlichkeit für die evangelische Botschaft zu gewinnen? Oder wird deutlich: Hier wurde sich kritisch und gestaltend, gut protestantisch also, mit dem eigenen Erbe auseinandergesetzt. 2017 wurde gefragt: Wer sind die Evangelischen am Beginn des neuen Jahrhunderts, Jahrtausends? Was ist ihre Botschaft für die Menschen in unserem Land mit ihren Zukunftsängsten und ihren Fragen nach Sinn in einem säkularen Zeitalter? Wurde durchbuchstabiert, was die Botschaft der Kirche der Reformation in einer Welt der Ungerechtigkeit ist, in der fast eine Milliarde Menschen hungern?

Der damalige Ratsvorsitzende der EKD Wolfgang Huber sagte in seiner Festrede zur Eröffnung der Lutherdekade am 21. September 2008: „So sehr wir Luthers Beitrag zur deutschen Kultur, insbesondere die Prägekraft, mit der er die deutsche Sprache gestaltet, würdigen, so wenig Anlass haben wir, die Überlegenheitsgesten zu wiederholen, mit denen Martin Luther und ein vermeintliches ‚deutsches Wesen‘ zusammengebracht wurden. Deutsche im Inland wie auch im Ausland wurden unter Berufung auf Luther lange Zeit dazu verführt, Patriotismus und Nationalismus miteinander zu verwechseln.“

Das ist ein erster entscheidender Gesichtspunkt: Es gilt, das Jubiläum 2017 zu nutzen auch für einen kritischen Blick. Nein, es wird keinen „Kult um Luther“ geben, wie manche offenbar befürchten. Die lutherischen Kirchen weltweit sind souverän genug, die Schattenseiten ihres großen Vorbildes nicht auszublenden. Das gilt nicht nur mit Blick auf Nationalismus, sondern auch hinsichtlich seines Verhältnisses zu Menschen jüdischen Glaubens insbesondere am Ende seines Lebens, das die lutherische Kirche nachhaltig negativ geprägt hat. Es gilt mit Blick auf die aufständischen Bauern und Luthers Verweigerung der Solidarität. Und auch hinsichtlich der Anwendung von Gewalt macht Luther Anmerkungen, die heute verschrecken.

Eine zweite entscheidende Frage wird die ökumenische Dimension des Jubiläums sein. Gewiss gibt eine Spaltung keinen Anlass zum Feiern. Das gilt etwa mit

Blick auf das Verhältnis der lutherischen zu den reformierten und auch unierten Kirchen. Sie erkennen sich seit 1973 allerdings in Europa gegenseitig als Kirchen an und praktizieren Kanzel- und Abendmahlsgemeinschaft. So wird es kein „Lutherjubiläum", sondern ein „Reformationsjubiläum" geben, keine Abgrenzung, sondern ein Feiern, dass versöhnte Verschiedenheit heute Praxis ist.

Nicht zu vergessen ist: Luther war römischer Katholik. Um ihn zu verstehen, muss die römisch-katholische Kirche Teil der Diskussion sein. Wenn die Evangelischen mit Luther erklären, sie seien Erbin der Alten Kirche, dann geht es ja auch um eine gemeinsame Geschichte. Martin Luther wollte seine eigene Kirche reformieren und nicht spalten. Das kann Ansatzpunkt sein, zwar das eigene Profil und Erbe zu feiern, aber kein rein abgrenzendes Reformationsjubiläum auszurichten. Weihbischof Hans-Jochen Jaschke aus Hamburg etwa hat anlässlich des Reformationstages 2008 erklärt, Luthers 95 Thesen würden heute auch von römisch-katholischer Seite akzeptiert und er teile Luthers Kritik am damaligen Ablasshandel.[2] Das ist doch ein spannender Ausgangspunkt für neue Gespräche! Zudem: 1999 wurde in Augsburg die Gemeinsame Erklärung der Römisch-katholischen Kirche und des Lutherischen Weltbundes zur Rechtfertigung unterzeichnet, dessen zehnjähriges Jubiläum 2009 gebührend gefeiert wurde. Es wurde festgehalten: So wie die beiden Kirchen ihre Lehre heute formulieren, werden sie von den Verwerfungen des 16. Jahrhunderts nicht getroffen. Die Unterzeichnung der Gemeinsamen Offiziellen Feststellung zur Gemeinsamen Erklärung in Augsburg am 31. Oktober war ein feierliches Ereignis. Es bedeutet nicht – und das war allen Beteiligten klar –, dass nunmehr die Lehrbegriffe der unterschiedlichen Traditionen auf einem gleichen Verständnis beruhen. Aber die Unterzeichnung wurde begrüßt als ein Schritt auf einem notwendigen Weg der Annäherung. Ein Durchbruch schien nahe nach dem Motto: Diese Erklärung wird die Unterschiede nicht beseitigen, hoffentlich aber zur Möglichkeit führen, einander als Kirchen anzuerkennen und zumindest gastweise zum Abendmahl einzuladen. Bei aller Differenz und dem je eigenen Profil verbindet die Kirchen mehr als sie trennt. Und: In einer säkularisierten Gesellschaft ist ein gemeinsames Zeugnis der Christinnen und Christen von großem Gewicht. Je stärker sie gemeinsam auftreten, desto eher werden sie gehört. Dass es Enttäuschungen gibt, dass in der Differenz auch Identität liegt, darf dabei allerdings nicht ignoriert werden. Kirchenverständnis, Amts- und Abendmahlsverständnis bleiben ganz offensichtlich auch nach 500 Jahren trennend. Das wird auch sichtbar beispielsweise im Amtsverständnis, das evangelischerseits von der Beteiligung von Laien auch in den höchsten Entscheidungsebenen und von Frauen auch in höchsten ordinierten Ämtern geprägt ist. Und es wird deutlich in Abgrenzungen in Teilen der römisch-katholischen Kirche etwa von den grundlegenden auf Ökumene hin orientierten Haltungen des Zweiten Vatikanischen Konzils. Auch 500 Jahre nachdem die Westkirche – die sich ja schon zu Beginn des zweiten Jahrtausends und bis heute von der Ostkirche getrennt hatte – sich ausdifferenziert hat, bleiben substantielle Unterschiede, die allerdings nach Jahrhunderten des gegenseitigen Bekämpfens nun befriedet miteinander leben. Und immerhin gibt es eine ökumenische Bewegung, die auf unumkehrbare Weise die vergangenen 100 Jahre seit dem Jubiläum 1917 geprägt hat. Das dürfte die Ausgangsposition grundlegend verändern.

Mit Blick auf das anstehende Jubiläum aber geht es auch darum, nicht nur über Luther, die Reformation

15

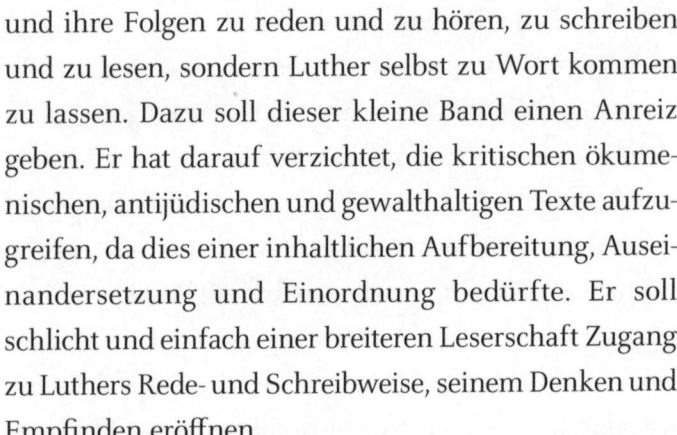

und ihre Folgen zu reden und zu hören, zu schreiben und zu lesen, sondern Luther selbst zu Wort kommen zu lassen. Dazu soll dieser kleine Band einen Anreiz geben. Er hat darauf verzichtet, die kritischen ökumenischen, antijüdischen und gewalthaltigen Texte aufzugreifen, da dies einer inhaltlichen Aufbereitung, Auseinandersetzung und Einordnung bedürfte. Er soll schlicht und einfach einer breiteren Leserschaft Zugang zu Luthers Rede- und Schreibweise, seinem Denken und Empfinden eröffnen.

Aus der ungeheuren Fülle von Luthertexten wurden daher vor allem von Ralph Ludwig, dem ich dafür sehr danke, spezifische, gut lesbare Textpassagen herausgesucht und übertragen. Einige, wie etwa die Rede von Gott, enthalten durchaus komplizierte Gedankengänge aus Luthers theologischer Reflexion. Immer wieder wird dabei auch deutlich, wie sehr Sünde und Teufel für Luther eine Realität waren in einer Form, die wir heute kaum noch nachempfinden können. Gleichzeitig ist zu bewundern, wie bildhaft und nachvollziehbar Luther argumentiert. Da wird Theologie im Alltag greifbar und dies wird auch von Predigenden explizit gefordert.

16

An vielen anderen Stellen kommt der Seelsorger Luther zum Vorschein. Wie liebevoll er über Kinder und auch über die Ehe sprechen kann! Wie tröstend seine Worte zu Trauer und Tod noch über die Jahrhunderte hinweg klingen! Und wie sehr er in der Lebenspraxis verwurzelt ist, etwa wenn er um die Tochter trauert, einem Menschen mit Suizidgedanken rät oder in Krankheit ermutigt! Beim Lesen erleben wir Luther als Menschen, der Glauben und Theologie mit dem Leben verbindet. Die seelsorglichen Texte berühren mich am meisten, weil der oft polternde, wenig politisch korrekt Formulierende hier eine zarte, liebevolle, zugewandte Seite zeigt.

Luther lesen, das ist ein gewichtiger Zugang zum Reformationsjubiläum. Andere werden die theologische und historische Aufarbeitung sein, die kritische Rezeption, das Ringen um die ökumenische Dimension und wie sie konstruktiv zu gestalten sei. Es wird immer wieder deutlich werden, dass Reformation ein umfassendes, bei weitem nicht auf Luther und Wittenberg zu konzentrierendes Geschehen war und ist. Aber es fängt an bei diesem nachdenklichen, manchmal geradezu getriebenen, immer aber wortmächtigen Mann. Er ist und bleibt Dreh- und Angelpunkt. Und so ist es gut, bei ihm selbst nachzulesen, um mehr von ihm zu erfahren. Das ist eine Voraussetzung, die Entwicklungen vor 500 Jahren zu verstehen und einzuordnen.

Schließlich danke ich Elke Rutzenhöfer als Programmleiterin der edition chrismon, die die Anregung zu diesem Band gegeben hat. Sie hat die Textauswahl und Drucklegung intensiv begleitet.

So hoffe ich, der kleine Band fügt sich ein in die Vorbereitung auf das Jubiläumsjahr 2017 und macht Luther in seinen eigenen Texten, seinem persönlichen Denken und individuellen Formulieren für viele Menschen zugänglich.

Margot Käßmann
Berlin, im April 2012

---

[1] Vgl. Hartmut Lehmann, Die Deutschen und ihr Luther, FAZ 26.08.08, Nr. 199, S. 7.

[2] Vgl.: Weihbischof kritisiert Ablasshandel zu Luthers Zeiten – Jaschke: Katholiken akzeptieren Luthers Thesen, in: epd Zentralausgabe 212/31.10.2008, S. 11 f.

Gott

Was heißt einen Gott haben oder was ist Gott? Ein Gott heißt das, von dem man alles Gute erwarten soll und wo man Zuflucht in allen Nöten findet. Einen Gott haben heißt darum nichts anderes als ihm von Herzen trauen und glauben. Allein das Trauen und Glauben des Herzens macht beide aus, Gott und Abgott. Ist der Glaube und das Vertrauen recht, so ist auch Dein Gott recht. Wiederum: Wo das Vertrauen und der Glaube falsch und unrecht sind, da ist auch der rechte Gott nicht. Denn die zwei gehören zusammen, der Glaube und Gott. Woran Du nun Dein Herz hängst und worauf Du Dich verlässt, das ist eigentlich Dein Gott… Es gibt manchen, der meint, er habe Gott und von allem, was er braucht, genug, wenn er Geld und Gut hat, und er verlässt sich fest und sicher darauf, so dass er auf niemanden anderen zählt – dieser Mensch hat einen Gott, der heißt Mammon. Er setzt sein Herz ganz auf Geld und Gut – und dies ist der am weitesten verbreitete Gott auf der Erde. Wer Geld und Gut hat, der fühlt sich sicher, ist fröhlich und unerschrocken, als sitze er mitten im Paradies. Dagegen: Wer keins hat, der verzweifelt und verzagt, als kenne er keinen Gott. Man wird wohl wenige Menschen finden, die guten Mutes sind, weder trauern noch klagen, wenn sie kein Geld haben. Es klebt und hängt der Natur an bis ins Grab. Einen Gott haben heißt das ganze Herz des Menschen und seine Zuversicht auf ihn setzen. Einen Gott haben heißt wohlverstanden, dass man ihn nicht mit Händen greifen oder fassen kann, noch in einen Beutel stecken oder in einen Kasten schließen. Fassen kann man ihn nur, wenn das Herz ihn ergreift und an ihm hängt. Mit dem Herzen an ihm hängen heißt nichts anderes als sich ganz auf ihn verlassen.

⁂

Es ist für einen Menschen schwer zu glauben, dass Gott ihm gnädig sei. Das menschliche Herz kann das nicht fassen. Wie es mir einmal als Kind in meiner Heimat erging, als ich mit einem Freund vor den Türen sang, um Würste zu sammeln. Spaßhalber rief da einer uns zu: „Was macht ihr da, ihr Buben?" Gleichzeitig lief er mit zwei Würsten auf uns zu. Ich aber und mein Freund rannten, was das Zeug hielt, vor dem davon, der uns etwas geben wollte. Gerade so ergeht es uns mit Gott. Er schenkt uns Christus mit all seinen Gaben, wir aber fliehen vor ihm und glauben, er sei unser Richter.

~~~

So auch spielt die Vernunft Blindekuh mit Gott und tut lauter Fehlgriffe und schlägt immer daneben, so dass sie das Gott heißt, was nicht Gott ist, und wiederum nicht Gott heißt, was Gott ist; beides täte sie nicht, wenn sie nicht wüsste, dass Gott wäre – oder sie wüsste eben, welches oder was Gott wäre. Darum plumpst sie so herein und gibt den Namen und die göttliche Ehre und heißt Gott, was sie dünkt, das Gott sei, und trifft also nimmermehr den rechten Gott, sondern allewegs den Teufel oder ihren eigenen Dünkel, den der Teufel regiert. Darum ist es ein sehr großer Unterschied zu wissen, dass ein Gott ist, und zu wissen, was oder wer Gott ist. Das erste weiß die Natur, und es ist in allen Herzen geschrieben. Das andere lehrt alleine der Heilige Geist.

~~~

Wenn der Mensch es mit Gott zu tun bekommen und von ihm etwas empfangen soll, so muss es so zugehen, dass nicht der Mensch anfange und den ersten Stein lege. Sondern Gott allein muss ohne alles Ersuchen und Begehren des Menschen zuerst kommen und dem Menschen eine Zusage geben. Dieses Wort Gottes ist das erste, der Grund, der Fels, auf dem sich hernach alle Werke, Worte, Gedanken des Menschen bauen. Dieses Wort muss der Mensch dankbar aufnehmen, er muss der göttlichen Zusage vertrauen und glauben und darf ja nicht daran zweifeln, dass es so sei und geschehe, wie er zusagt. Dieses Vertrauen und dieser Glaube ist Anfang, Mitte und Ende aller Werke und Gerechtigkeit. Denn wenn der Mensch Gott die Ehre antut, dass er ihn für wahrhaftig hält und bekennt, dann verschafft er sich einen gnädigen Gott, der ihn wiederum ehrt und für wahrhaftig bekennt und hält. So ist es nicht möglich, dass ein Mensch aus seiner Vernunft und seinem Vermögen mit Werken hinauf in den Himmel steigen und Gott zuvorkommen und zur Gnade bewegen sollte; sondern Gott muss allen Werken und Gedanken zuvorkommen und eine klare, ausdrückliche Zusage mit Worten machen, die der Mensch mit einem rechten, festen Glauben ergreifen und halten muss. Dann folgt ihnen der Heilige Geist, der ihm um dieses Glaubens willen gegeben wird.

Die unreinen und verkehrten Liebhaber, die nichts anderes als nur Nutznießer sind und das Ihre an Gott suchen, die lieben und loben nicht sein bloßes Gutsein, sondern sehen auf sich selbst und achten nur darauf, wieweit Gott für sie gut sei, das ist, wieweit er ihnen seine Güte spürbar erzeige und ihnen wohltue. Und sie halten viel von ihm, sind fröhlich, singen und loben ihn, solange dieses Empfinden währt. Wenn Gott sich aber verbirgt und den Glanz seiner Güte zurückzieht, so dass sie bloß und elend sind, so hören auch Liebe und Lob gleichzeitig auf. Und sie können nicht die bloße, unempfindbare Güte, die in Gott verborgen ist, schätzen und loben. Damit beweisen sie, dass ihr Geist sich nicht in Gott, dem Heiland, erfreut hat; es sind nicht rechte Liebe und rechtes Lob der bloßen Güte dagewesen. Sondern sie haben viel mehr Lust im Heil als im Heiland gehabt, mehr in den Gaben als im Geber, mehr in der Kreatur als in Gott.

Dass Gott der Schöpfer heißt, das ist eine unergründliche Sache, und doch erschafft Gott täglich. Denn wie er Adam aus einem Erdenkloß schafft, so nimmt er einen winzigen Samen, in dem doch kein Leben ist, und formt und nährt und erhält diese Frucht auf wunderbare Weise, auch wenn die Ärzte ihre eigenen Ansichten über die Gebärmutter haben. Ich kann mich nicht genug über ein Ei wundern. Es ist ein Stoff außerhalb der Mutter, dann kommt Wärme hinzu… und Gott bildet ein lebendiges Hühnchen. Das ist reines Wunderwerk. Gott ist in der Kreatur, die wirkt und schafft er. Aber wir achten dessen nicht und suchen stattdessen andere und philosophische Gründe. Auf diese Weise lernt man den Artikel von der Schöpfung nie.

Beten

Denn das Beten hilft uns sehr und macht einem ein fröhliches Herz; nicht wegen der Würde des Werkes, sondern weil wir mit unserem Herrgott geredet und ihm alles anheimgestellt haben.

~~~

Kurz soll man beten, aber oft und stark. Denn er fragt nicht danach, wie groß und lange man betet, sondern wie gut es ist und wie es von Herzen geht. Sprichst Du aber: Warum lässt er uns denn bitten und unsere Not vortragen und gibt er es nicht ungebeten, wo er doch alle Not besser weiß und sieht als wir selbst? Er gibt doch der ganzen Welt täglich so viel Gutes umsonst, wie Sonne, Regen, Korn, Geld, Leib und Leben und so weiter, worum ihn niemand bittet noch dafür dankt; denn er weiß, dass sie keinen Tag des Lichts, Essens und Trinkens entbehren kann: Wie heißt er denn darum bitten?

Antwort: Darum fordert er's freilich nicht, dass wir ihn mit unserm Beten lehren sollten, was er geben soll, sondern darum, dass wir's erkennen und bekennen, was er uns für Güter gibt und noch viel mehr geben will und kann, so dass wir durch unser Gebet mehr uns selbst unterrichten als ihn. Denn damit werde ich umgewandelt, dass ich nicht hingehe wie die Gottlosen, die solches nicht erkennen noch dafür danken, und so wird mein Herz zu ihm gekehrt und erweckt, dass ich ihn lobe, danke und in Nöten bei ihm Zuflucht habe und Hilfe von ihm erwarte. Das dient alles dazu, dass ich, je länger je mehr, erkennen lerne, was er für ein Gott ist, und weil ich bei ihm suche und anklopfe, so hat er auch Lust, desto mehr und reichlicher zu geben.

Du sollst wissen, dass ich nicht meine, dass Du alle diese Worte, mit denen ich das Vaterunser erklärt habe, im Gebet sprechen sollst. Denn da würde doch zuletzt ein Geplapper und lauter leeres Gewäsch daraus, aus dem Buch oder den Buchstaben dahergelesen, wie die Rosenkränze bei den Laien und die Breviergebete der Pfaffen und Mönche gewesen sind. Sondern ich will das Herz damit angereizt und unterrichtet haben, was es für Gedanken im Vaterunser fassen soll. Solche Gedanken aber kann das Herz (wenn's recht erwärmt ist und zum Beten

Lust hat) sehr wohl mit ganz anderen Worten, auch sehr wohl mit weniger oder mehr Worten aussprechen. Wenn ich mich auch selber an solche Worte und Silben nicht binde, sondern heute so, morgen anders die Worte spreche, je nachdem ich warm bin und Lust habe, bleibe ich doch gleichwohl – so nahe ich auch immer kann – bei denselben Gedanken und bei demselben Sinn. Es kommt wohl oft vor, dass ich in einem Stück oder einer Bitte in so reiche Gedanken komme, dass ich die andern sechs alle anstehen lasse. Und wenn auch solche reichen, guten Gedanken kommen, so soll man die ändern Gebete fahren lassen und solchen Gedanken Raum geben, ihnen mit Stille zuhören und sie beileibe nicht hindern. Denn da predigt der Heilige Geist selbst, und ein Wort seiner Predigt ist besser als tausend unserer Gebete. Und ich habe so auch oft mehr gelernt in einem Gebet, als ich aus viel Lesen und Denken hätte kriegen können.

※

Was ist der Glaube anderes als lauter Gebet? Denn er vergewissert sich göttlicher Gnaden ohne Unterlass. Vergewissert er sich aber ihrer, so begehrt er sie von ganzem Herzen. Und das Begehren ist eigentlich das rechte Gebet.

Im Gebet haben wir den Vorteil, es soll alles zugesagt sein, was wir bitten – doch nicht wie ich will. Und wenn das nicht verheißen wäre, würde ich nicht beten wollen. Er tut aber gut daran, uns nicht alles zu geben, was wir wollen. Wir würden sonst alle Dinge so haben, wie wir sie wollen. Sondern für unseren Herrn und Gott ist eben Tod und Leben eines. Das habe ich oft erfahren. Wenn es ernst ist, wird es erhört, jedoch nicht so, wie und wann wir es wollen. Das muss so sein, sonst wäre unser Glaube nichts. Es ist schwierig zu beten – ich weiß wohl, was mich ein Gebet kostet.

Unter Gebet wird auch nicht allein das mündliche Gebet verstanden, sondern alles, was die Seele in Gottes Wort schafft: zu hören, zu reden, zu dichten, zu betrachten und so weiter. Denn gar viele Psalmen werden im Gebet gesprochen, obwohl darin doch kaum drei Verse etwas bitten; die anderen sagen und lehren etwas, sie strafen Sünde, reden mit Gott, mit sich selbst und mit den Leuten.

Doch muss man auch darauf achten, dass wir uns nicht das rechte Gebet abgewöhnen, uns selbst zuletzt Werke als nötig ausdenken, die es doch nicht sind, und dadurch zuletzt träge und faul, kalt und überdrüssig werden zum Gebet. Denn der Teufel ist weder faul noch träge um uns her; ebenso ist unser Fleisch noch allzu lebendig und munter zur Sünde und gegen den Geist des Gebets geneigt.

Wenn nun das Herz durch solch mündliches Sprechen erwärmt und zu sich selbst gekommen ist, so knie nieder oder stehe mit gefalteten Händen, die Augen gegen den Himmel, und sprich oder denke so kurz Du kannst:

Ach, himmlischer Vater, Du lieber Gott, ich bin ein unwürdiger, armer Sünder, nicht wert, dass ich meine Augen oder Hände zu Dir erhebe oder bete. Aber weil Du uns allen geboten hast zu beten, und dazu auch Erhörung verheißen und uns überdies selbst beides, Wort und Weise, durch Deinen lieben Sohn, unsern Herrn Jesus Christus, gelehrt hast, so komme ich auf dieses Dein Gebot hin, Dir gehorsam zu sein, und verlasse mich auf Deine gnädige Verheißung; und im Namen meines Herrn Jesus Christus bete ich mit allen Deinen heiligen Christen auf Erden, wie er mich gelehrt hat: „Vater unser, der Du bist" und so weiter, ganz aus, von Wort zu Wort.

Das ist kurz vom Vaterunser oder vom Gebet gesagt, wie ich selbst zu beten pflege. Denn noch heute sauge ich am Vaterunser wie ein Kind, trinke und esse von ihm wie ein alter Mensch, kann seiner nicht satt werden; und es ist mir auch über den Psalter hinaus (den ich doch sehr lieb habe) das allerbeste Gebet. Fürwahr, es findet sich, dass es der rechte Meister aufgestellt und gelehrt hat. Und es ist ein Jammer über alle Jammer, dass ein solches Gebet eines solchen Meisters so ohne Andacht zerplappert und zerklappert werden muss in aller Welt. Viele beten im Jahr vielleicht etliche tausend Vaterunser, und wenn sie tausend Jahre so beten sollten, so hätten sie doch keinen einzigen Buchstaben oder Tüttel davon geschmeckt. Kurz: Das Vaterunser ist der größte Märtyrer (ebenso wie der Name und das Wort Gottes) auf Erden. Denn jedermann plagt es und missbraucht es, wenige trösten es und machen es fröhlich durch rechten Gebrauch.

Ich weiß aber wohl, dass viele (Menschen) so töricht sind, dass sie solche Dinge nicht erbitten wollen, sie finden sich denn vorher rein und sind der Meinung, Gott höre jemand nicht, der in Sünden liegt. Das machen alles falsche Prediger, die nicht mit dem Glauben oder Vertrauen auf Gottes Huld, sondern mit eigenen Werken anzuheben lehren. Siehe, Du elender Mensch: Wenn Dir ein Bein gebrochen ist oder Dich eine Gefahr des leiblichen Todes überfällt, so rufst Du Gott, diesen und jenen Heiligen an und wartest nicht so lange, bis Dir das Bein gesund wird oder die Gefahr aus sei, und bist nicht so närrisch, dass Du denkest, Gott erhöre niemand, dem das Bein gebrochen ist oder der in tödlicher Gefahr ist. Ja, Du meinst, Gott soll dann am allermeisten erhören, wenn Du in der großen Not und Angst bist. Ei, warum bist Du denn hier so närrisch, wo unermesslich größere Not und ewiger Schaden ist und willst nicht eher um Glauben, Hoffnung, Liebe, Demut, Gehorsam, Keuschheit, Sanftmut, Frieden, Gerechtigkeit bitten, Du seiest denn vorher ohne allen Unglauben, Zweifel, Hoffart, Ungehorsam, Unkeuschheit, Zorn, Geiz und Ungerechtigkeit, obwohl Du doch desto mehr und fleißiger beten und schreien solltest, je mehr Du Dich in diesen Stücken gebrechlich erfindest! So blind sind wir. Mit leiblicher Krankheit und Not laufen wir zu Gott; mit der Seelen Krankheit laufen wir von ihm weg und wollen nicht wieder kommen, wir seien denn vorher gesund, geradeso, als möchte irgendein anderer Gott sein, der dem Leib, und ein anderer, der dem Geist helfen könnte.

✳✳✳

Oh dass ich beten könnte, wie ein Hund auf das Fleisch sehen kann! Seine Gedanken richten sich ganz auf das Stück Fleisch, sonst denkt, wünscht, hofft er nichts!

✳✳✳

Das ist jetzt alles vom Gebet für persönliche Nöte und im Allgemeinen gesagt. Aber das Gebet, das eigentlich zu diesem Gebot gehört und ein Feiertagswerk heißt, ist viel besser und größer. Das soll geschehen für die Versammlungen der ganzen Christenheit, für alle Not aller Menschen, der Feinde und Freunde, besonders derer, die zu eines jeden Pfarrei oder Bistum gehören.

Dieses allgemeine Kirchengebet ist kostbar und das allerkräftigste Gebet; dessentwegen kommen wir auch zusammen. Deswegen heißt die Kirche auch ein Bethaus, weil wir uns dort einträchtig zuhauf unsere und aller Menschen Nöte vornehmen, diese Gott vortragen und ihn um Gnade anrufen sollen. Das muss aber mit Herzensbewegung und Ernst geschehen, damit uns solche Not und Bedürftigkeit aller Menschen zu Herzen gehe und wir so aus wahrhaftigem Miterleiden mit ihnen im rechten Glauben und Vertrauen bitten. Und wenn kein solches Gebet in der Messe geschähe, dann wäre es besser, die Messe zu unterlassen. Denn wie besteht und passt es zusammen, dass wir leiblich in einem Bethaus zusammenkommen, womit angezeigt wird, wir sollten für die ganze Gemeinde gemeinsam anrufen und bitten, wenn wir dabei die Gebete verstreuen und so aufteilen, dass jeder nur für sich selber bittet und niemand sich um den anderen annimmt noch sich um jemandes Not bekümmert? Wie kann so das Gebet nützlich, gut, angenehm und allgemein oder ein Werk des Feiertags und der Versammlungen heißen? So tun die, die ihre eigenen Gebetlein halten, der für dies, dieser für das, und haben nichts als eigennützige, selbstsüchtige Gebete, denen Gott feind ist.

Wenn jemand so bittet, dass er an der Erhörung Gottes zweifelt und allein auf gut Glück betet, es geschehe oder geschehe nicht, worum er bittet, der tut zwei böse Stücke: das erste, dass er sein Gebet selbst zunichte macht und umsonst wartet. Denn so spricht St. Jakobus, der Apostel: „Wer von Gott bitten will, der bitte so, dass er nicht zweifle; er bitte im Glauben. Denn wenn er zweifelt, so ist er wie eine Welle des Meeres, die der Wind hin und her bewegt. Und dieser Mensch bilde sich nicht ein, dass er etwas von Gott erlange." Das meint er so: Dieses Menschen Herz hält nicht still, darum kann ihm Gott nichts geben; der Glaube aber hält das Herz still und vertraut darauf, dass Gott gibt.

Frauen und Männer

Die höchste Gnade Gottes ist die Liebe, die in der Ehe fortwährend blüht. Die erste Liebe ist feurig, sie ist eine trunkene Liebe, damit wir geblendet werden und vorangehen; haben wir die Trunkenheit ausgeschlafen, dann erwächst in den Frommen die Liebe der Verbundenen, die Unfrommen aber haben die Reue.

⁓⁓⁓⁓

Die Welt spricht von der Ehe: kurze Freude und langes Leid. Aber lass sie reden, was sie will! Was Gott schafft und haben will, darüber muss sie ja spotten. Was diese Menschen auch an Lust und Freude außerhalb der Ehe haben, denke ich, dessen werden sie am besten im Gewissen wahr. Es ist eine ganz andere Sache, ehelich zu leben und das eheliche Leben wahrzunehmen. Wer in der Ehe lebt und das eheliche Leben nicht wahrnimmt, der lebt niemals ohne Unlust, Mühe und Jammer. Er muss klagen und lästern wie die Heiden und die unvernünftigen, blinden Menschen.

Wer das eheliche Leben aber wahrnimmt, der empfindet Lust, Liebe und Freude ohne Unterlass darin, wie Salomo sagt: „Wer eine Frau findet, der findet etwas Gutes."

~~~~~

Eine Frau ist rasch genommen. Aber sie stets lieb zu haben, das ist dann schwer. Und es mag mancher unserem Herrgott wohl dafür danken, wer eine hat. Darum: Wenn einer eine zur Frau nehmen möchte, so soll es ihm ernst sein und er möge unseren Herrgott bitten: Lieber Herrgott, ist es Dein göttlicher Wille, dass ich ohne Frau leben soll, so hilf mir! Wo nicht, beschere mir ein gutes, frommes Mädchen, mit dem ich mein Leben zubringe, das ich lieb habe und das mich liebt! Denn die fleischliche Verbindung, die allein tut's nicht. Es muss hinzukommen, dass Sitten und Charakter übereinstimmen. Die Verbindung allein tut's nicht.

~~~~~

Auch wenn wir es nicht öffentlich vor aller Welt sind, so sind wir es doch im Herzen, und wo wir Raum, Zeit, Ort und Gelegenheit hätten, da würden wir alle

die Ehe brechen. Diese Art ist allen Menschen einge-
pflanzt, davon ist keiner ausgenommen, er sei Mann
oder Frau, jung oder alt, alle liegen wir krank in diesem
Spital. Und diese Seuche hängt an uns nicht wie ein
roter Rock, den wir ausschlagen oder weglegen
könnten. Wir haben es von Mutterleib an mitgebracht,
es ist uns durch Fell und Fleisch, Mark und Bein und
in alle Adern durch und durch gezogen. Aber sind es
nicht viele, die nicht huren und ein feines Leben führen? Ja, mein Lieber – ich rede nicht vom Tun, sondern
von der Art: Gott lässt sich nicht mit dem Tun täu-
schen, die Schrift nennt ihn einen Herzenserkenner,
er sieht tiefer als wir.

Ich wollt' meine Käthe nicht um Frankreich noch um
Venedig dazu hergeben, zum ersten deshalb, weil Gott
sie mir geschenkt hat und mich ihr gegeben hat; zum
zweiten, weil ich oft erfahre, dass in andern Frauen mehr
Mängel sind als in meiner Käthe; obschon sie auch etliche hat, so sind doch viel größere Tugenden dagegen;
zum dritten, weil sie das eheliche Vertrauen bewahrt,
das ist Treue und Ehre.

Erstens, wenn die Ehe ein Sakrament Christi und der Kirche sein soll, so wird keine Ehe ein Sakrament sein dürfen als allein die, in der Bräutigam und Braut beide Jungfrauen bleiben. Denn Christus und die Kirche bleiben Jungfrauen. Wo wollen wir dann Kinder und Erben hernehmen? Wo soll der Ehestand bleiben, der von Gott eingesetzt ist? Und summa: Es wird keine Ehe geben als die Josephs und Marias. Alle anderen Ehen dürfen kein Sakrament, müssen vielleicht ebenfalls Hurerei sein.

Zweitens: Wer hat das gelehrt oder eingesetzt, so dass wir es halten müssen? St. Paulus sagt Epheser 5,32 (behaupten sie), dass Mann und Frau ein großes Sakrament seien. Doch ich sage in Christi und der Kirche Namen: Mein Lieber, kannst Du mir aus diesen Worten des St. Paulus zeigen, dass die Ehe ein solches Sakrament sei, wie sie sonst von Sakramenten sprechen? Er sagt: Mann und Frau sind ein Leib, das ist ein großes Sakrament. Danach legt er sich selbst aus: Ich spreche von Christus und der Kirche, nicht von Mann und Frau. So sagen sie, er rede von Mann und Frau. Paulus will Christus und die Kirche als ein großes Sakrament und Geheimnis haben. So sprechen sie, Mann und Frau seien ein großes Sakrament. Warum halten sie die Ehe dann schier für das geringste Sakrament, ja, für lauter Unreinigkeit und Sünde, in der man Gott nicht dienen könne? Weiter: Kannst Du wirklich bei St. Paulus finden, dass die Ehen derer, die zwei Frauen oder Männer haben, nicht Mann und Frau, nicht ein Leib sind? Sind sie ein Leib? Warum sind sie dann nicht auch Sakrament Christi und der Kirche? Redet doch St. Paulus insgemein von allen Ehemännern und Ehefrauen, die ein Leib werden, sie seien ledig oder Witwen, und nennt sie Sakrament (so wie ihr Sakrament versteht). Woher seid ihr denn so klug, dass ihr Unterschiede der Ehe macht und nehmt allein die einzige Ehe zum Sakrament Christi und der Kirche, in der sich ein Mann mit einer Jungfrau verehelicht, und schließt alle anderen Ehen aus? Wer hat Euch befohlen, das Wort des St. Paulus so zu quälen und zu pressen?

Es werden viel mehr Arme reich, die im Namen Gottes heiraten, als Reiche reich bleiben, die nur um des Geldes willen heiraten.

Ist sie schön, so ist sie doch nicht allzu schön, und wenn sie die Allerschönste auf Erden wäre, so hab ich doch daheim einen viel schöneren Schmuck an meinem Gemahl, den mir Gott gegeben und mit seinem Wort geziert hat vor allen andern, auch wenn sie von Leib nicht schön oder sonst gebrechlich wäre. Denn wenn ich alle Weiber in der Welt ansähe, so finde ich keine, von der ich rühmen könnte, wie ich von meiner mit fröhlichem Gewissen sagen kann: Diese hat mir Gott selbst geschenkt und in die Arme gegeben, und ich weiß, dass ihm samt allen Engeln herzlich wohlgefällt, wenn ich mit Liebe und Treue zu ihr halte. Warum wollte ich denn ein so köstliches, göttliches Geschenk verachten und mich an eine andere hängen, wo ich diesen Schatz und Schmuck nicht finde?

Demut

Herr Gott, Du sagst mir in Deinem Wort, Du seiest und Du wollest sein mein Gott und Herr, Du hast mich also geschaffen zu einem Mann und geschaffen zu einem Weib. Dies ist Deine Schöpfung und Dein Werk, ich habe mich selbst nicht so gemacht, bin auch nicht von ungefähr so geworden: Gib also Deinem Geschöpf das Glück hinzu und gib, dass ich ein glückseliger Mann, dass ich ein glückseliges Weib sei.

⁓

Dass auch E. K. F. G. (Eure Kurfürstlichen Gnaden) anzeigen, wie es ihr langweilig sei, weil unser gnädigster Herr, E. K. F. G. Gemahl, abwesend sind, kann ich wohl glauben. Aber weil es die Notwendigkeit erfordert und solche Abwesenheit um Nutz und Gut der Christenheit und deutscher Nation geschieht, müssen wir es nach dem göttlichen Willen mit Geduld tragen. Wenn der Teufel könnte Frieden halten, so hätten wir auch mehr Frieden und weniger zu tun, sonderlich so viel Unlust zu leiden. Aber wie dem allen sei, so haben wir den Vor-

teil, dass wir das liebe Gotteswort haben, welches uns in diesem Leben tröstet und erhält und jenes Leben der Seligkeit zusagt und bringt. So haben wir auch das Gebet, von dem wir wissen (wie E. K. F. G. auch schreiben), dass es Gott gefällt und erhört wird zu seiner Zeit. Solche zwei unaussprechlichen Kleinode kann der Teufel, Türke, Papst und die Seinen nicht haben und sind darin viel ärmer und elender als jeder Bettler auf Erden. Des mögen wir uns rühmen und gewisslich trösten. Dafür wir auch sollen danken Gott, dem Vater aller Barmherzigkeit, in Christus Jesus, seinem lieben Sohn, unserm Herrn, dass er uns solchen teuren, seligen Schatz geschenkt und zu solchem Kleinod berufen hat, uns Unwürdige durch seine reiche Gnade, dass wir dagegen nicht allein billig und gerne das zeitliche Böse sehen und dulden sollen, sondern uns auch der blinden, elenden Welt erbarmen müssen, sonderlich solcher hohen, großen Häupter in der Welt, dass sie solcher Gnaden beraubt und sie zu haben noch nicht wert sind. Gott erleuchte sie einmal, dass sie es mit uns auch sehen, erkennen und begehren, Amen.

Geld-
wirtschaft

Auch ist ein gefährliches Gewinnstreben in diesem Zinshandel, ohne das, wie ich fürchte, niemand oder sehr wenige Zinsnehmer handeln. Der Zinskauf besteht darin, dass sie ihrer Zinsen und ihres Guts gewiss und sicher sein wollen und darum ihr Geld an andere geben, damit es bei ihnen nicht in Gefahr bleibe. Es ist ihnen viel lieber, dass andere Leute damit arbeiten und in der Gefahr stehen, so dass sie derweil müßig und faul sein können und doch auf diese Weise reich bleiben oder werden. Ist das nicht Wucher, so ist er ihm sehr ähnlich. Kurz, es ist wider Gott. Denn wenn Du an Deinem Nächsten den Vorteil suchst, den Du nicht auch ihm wolltest an Dir lassen, da ist die Liebe aus und das natürliche Gesetz zerrissen. Nun fürchte ich, dass man beim Zinskaufen recht wenig darauf achtet, wie es dem Nächsten bekommt, wenn nur unser Zins und Gut sicher sind, was man doch auf keine Weise suchen soll. Es ist gewiss ein Anzeichen von Geiz oder Faulheit; wenn auch der Kauf dadurch nicht schlimmer wird, so ist es doch Sünde vor Gott.

Daraus folgt, dass der blinde Zinskauf, der nicht auf eindeutig benannte Stücke eines einzelnen Grund und Bodens, sondern auf viele Güter und eine (ungewisse) Menge bezogen gemacht ist, ein Unrecht ist. Denn weil man nicht anzeigen kann, auf welchen Stücken er beruht, so läuft er (der Zinsnehmer) keine Gefahr und nimmt immer Geld ein, es geht hier oder da schlecht, und er will seiner Zinsen gewiss sein. Du fragst vielleicht, wer will denn solche Zinse kaufen? Antwort: Sie da, ich weiß sehr wohl, dass die Natur in diese Richtung handelt, sie würde sich sonst sträuben. Da kommt's heraus: Im Zinskauf wird nur Sicherheit, Geiz und Wucher gesucht.

Gottes-
wort

Gottes Wort ist nicht wie ein anderes leeres Geschwätz, sondern es ist, wie St. Paulus sagt, eine Kraft Gottes, ja freilich eine Kraft Gottes, die dem Teufel das gebrannte Leid antut und uns über die Maßen stärkt, tröstet und hilft.

Das Wort Gottes ist das Heiligtum über alle Heiligtümer, ja, das einzige, das wir Christen wissen und haben. Denn wenn wir auch aller Heiligen Gebeine oder ihre heiligen und geweihten Kleider auf einem Haufen hätten, so wäre uns doch nichts damit geholfen; denn es ist alles totes Zeug, was niemanden heiligen kann. Aber Gottes Wort ist der Schatz, der alle Dinge heilig macht, durch das sie selbst, die Heiligen alle, geheiligt worden sind. In jeder Stunde nun, in der man Gottes Wort treibt, predigt, hört, liest oder bedenkt, wird dadurch Person, Tag und Werk geheiligt; nicht wegen des äußerlichen Tuns, sondern wegen des Wortes, das uns alle zu Heiligen macht. Deshalb sage ich, dass unser ganzes Leben und was wir tun immer im Wort Gottes einhergehen müssen, wenn sie Gott wohlgefällig oder heilig heißen sollen. Wenn das geschieht, dann geht das Gebot in seiner Kraft und Erfüllung. Umgekehrt, das Wesen und Tun, das außerhalb von Gottes Wort geht, ist vor Gott unheilig, es leuchte und glänze, wie es wolle, auch wenn man es auch mit lauter Heiligem behängt.

≈≈≈

Nur die Armen der Erde glauben sowohl den Verheißungen wie den Drohungen Gottes. Denn das ist die Natur des Wortes Gottes, dass es uns Dinge vorstellt, die unseren Verstand übersteigen. So, wenn es Vergebung der Sünden verheißt, verheißt es unmögliche Dinge, undenkbare und ganz verzweifelte. Der Glaube kann sich also auf nichts andères als auf das Wort stützen: Wenn er das Wort fahren lässt und über die Absurdität der Sache nachdenkt, so fällt er alsbald und wird zerstört.

≈≈≈

Man muss mit der Schrift sorgfältig umgehen und verfahren. Das Wort ist nun seit Anbeginn auf mancherlei Weise ergangen. Man muss nicht allein darauf sehen, ob es Gottes Wort sei, ob Gott es geredet habe, sondern vielmehr, zu wem es geredet sei, ob es Dich betreffe oder einen anderen. Da gibt's denn einen Unterschied wie Sommer und Winter. Gott hat zu David viel geredet, hat ihn dies und jenes tun geheißen. Aber es geht mich nicht an, es ist nicht auch zu mir geredet. Er kann es gewiss zu mir reden, wenn er es so haben will. Du musst auf das Wort sehen, das Dich betrifft, das zu Dir geredet wird, und nicht auf das, das einen andern betrifft. Es gibt zweierlei Wort in der Schrift: Das eine geht mich nicht an, betrifft mich auch nicht, das andere betrifft mich. Und auf dasjenige, das mich angeht, kann ich's kühn wagen und mich darauf als auf einen starken Felsen verlassen. Betrifft es mich nicht, so soll ich stillhalten.

Das Evangelium ist wie ein frisches, sanftes, kühles Lüftchen in der großen Hitze des Sommers, das ist ein Trost in der Angst der Gewissen, nicht im Winter, wenn sonst Kälte genug vorhanden ist, das ist zur Zeit des Friedens, wenn die Leute sicher sind und meinen, sich selbst mit ihren Werken vor Gott gerecht und selig zu machen; sondern in der größten Hitze im Sommer, das ist in denen, die da recht den Schrecken und die Angst des Gewissens fühlen, Gottes Zorn wider die Sünde und ihre Schwachheit.

Diese Hitze aber wird durch die Sonne gemacht; also soll das Erschrecken des Gewissens durch die Predigt des Gesetzes geschehen und zugerichtet werden, dass man bedenke und betrachte: Man hat Gottes und nicht Menschen Gesetz übertreten und dagegen gehandelt. Also ist auch das himmlische Lüftchen, das die Gewissen wieder aufrichten, erquicken und trösten soll, nicht mit dem Trost einiger menschlichen Verdienste und Werk, sondern durch die Predigt des Evangeliums.

Wenn aber nun die Kräfte wieder also erquickt und getröstet sind durch das Lüftchen des Evangeliums, sollen wir nicht müßig sein, liegen und schnarchen; das heißt, wenn unser Gewissen nun zufrieden, gestillt und getröstet wurde von Gottes Geist, so sollen wir auch den Glauben mit guten Werken beweisen, die Gott in den Zehn Geboten befohlen und geboten hat. Wir werden aber vexiert und geplagt von Mücken, Fliegen und Ungeziefer und so weiter, das ist vom Teufel, Welt und unserem eigenen Fleisch. Aber da muss man hindurchreißen und sich nicht irre machen lassen!

Kirche

Wohlan, lass die Autoritäten der Kirche beschließen und sagen, was sie wollen; Du kannst Deine Zuversicht nicht darauf bauen noch Dein Gewissen beruhigen, Du musst selber Deinen Glauben begründen, es gilt Dir Deinen Hals, es gilt Dir Dein Leben. Darum muss Dir Gott ins Herz sprechen: ‚Das ist Gottes Wort‘, sonst ist es ohne Überzeugung. Aber sie bringen St. Augustins Spruch her: „Ich würde dem Evangelium nicht glauben, wenn mich nicht das Ansehen der Kirche bewegte", und meinen, sie haben damit schon gewonnen. So sage Du: „Was liegt mir daran, ob das nun Augustinus sagt oder Hieronymus, St. Peter oder St. Paul, ja, sogar der Erzengel Gabriel vom Himmel, das ist noch viel mehr. Das alles hilft mir nicht: Ich muss Gottes Wort haben, ich will hören, was Gott sagt!" Das Wort kann man mir wohl predigen; aber ins Herz geben kann es mir niemand anders als allein Gott. Der muss im Herzen reden, sonst wird nichts draus; denn wenn der schweigt, so ist das Wort ungesprochen. Darum soll mich niemand von dem Wort, das mich Gott lehrt, bringen. Das alles sage ich deshalb, weil ich auf keinen Menschen bauen kann noch soll; ich muss selbst antworten, wenn es zum Sterben kommt.

⁄⁄⁄⁄⁄⁄

Wären im Kinderglauben diese Worte gebraucht worden: „Ich glaube, dass es ein christliches, heiliges Volk gibt", so wäre aller Jammer leicht zu vermeiden gewesen, der unter dem unklaren, undeutlichen Wort „Kirche" eingerissen ist. Denn das Wort „christliches, heiliges Volk" hätte klar und eindringlich beides mit sich gebracht, Verständnis und Beurteilung, was Kirche oder was nicht Kirche wäre. Wer dies Wort gehört hätte: „christliches, heiliges Volk", hätte flugs urteilen können: Der Papst ist kein Volk, schon gar kein heiliges, christliches Volk. Auch die Bischöfe, Pfarrer und Mönche sind kein heiliges, christliches Volk, denn sie glauben nicht an Christus, leben auch nicht heilig, sondern sind des Teufels böses, schändliches Volk. Wer nicht recht an Christus glaubt, ist nicht christlich oder Christ. Wer den Heiligen Geist nicht hat gegen die Sünde, der ist nicht heilig; darum können sie nicht ein christliches, heiliges Volk sein, das heißt: sancta et catholica ecclesia.

Doch weil wir das unklare Wort „Kirche" im Kinderglauben verwenden, verfällt der einfache Mann auf das steinerne Haus, das man Kirche nennt, wie es die Maler malen; und gerät das Bild wohl, so malen sie die Apostel, die Jünger, die Mutter Gottes wie beim Pfingsttag und den Heiligen Geist oben über ihnen schwebend. Das mag noch angehen, aber das ist nur das heilige, christliche Volk zu einer bestimmten Zeit, nämlich am Anfang. Doch Kirche soll das heilige, christliche Volk nicht nur zur Zeit der Apostel heißen, die nun längst tot sind, sondern bis an der Welt Ende. So soll immerdar auf Erden im Leben ein christliches, heiliges Volk da sein, in dem Christus lebt, wirkt und regiert durch die Versöhnung, durch Gnade und Vergebung der Sünde. Und der Heilige Geist tut dies dadurch, dass er lebendig macht und heiligt, dass er die Sünde täglich ausfegt und das Leben erneuert, damit wir nicht in den Sünden bleiben, sondern ein neues Leben führen können in allerlei guten Werken und nicht in alten bösen Werken, wie es die Zehn Gebote oder die zwei Tafeln des Mose fordern. Das ist die Lehre von St. Paulus.

Denn wahrhaftig, die christliche Kirche auf Erden verfügt über keine größere, wirksamere Macht als dieses allgemeine Gebet, das alles aufnimmt, was ihr zustoßen kann. Das weiß der böse Geist wohl. Darum tut er auch alles, was er kann, um dieses Gebet zu verhindern. Da lässt er uns hübsche Kirchen bauen, viel stiften, pfeifen, lesen und singen, viele Messen halten und ein maßloses Gepränge treiben; dafür ist ihm nichts zu schade. Ja, er hilft noch dazu, dass wir ein solches Treiben für das Beste halten und uns einbilden, wir hätten's damit wohl ausgerichtet. Aber dass dieses allgemeine, starke, fruchtbare Kirchengebet daneben untergeht und wegen solchen Blendwerks unvermerkt unterbleibt: Da hat er erreicht, was er sucht!

Woran will oder kann doch ein armer, irrender Mensch merken, wo ein solches christliches, heiliges Volk in der Welt sei? Es muss ja doch in diesem Leben und auf Erden sein, denn es glaubt wohl, dass ein himmlisches Wesen und ewiges Leben kommen werde, es hat es aber noch nicht. Darum muss es noch in diesem Leben und in dieser Welt sein und bleiben bis zum Ende der Welt. Denn es spricht: Ich glaube an ein anderes Leben. Damit bekennt es, dass es noch nicht in diesem Leben ist, sondern es glaubt, hofft und liebt als sein wahres Vaterland und Leben. Das christliche, heilige Volk ist daran zu erkennen, dass es das heilige Gotteswort hat, auch wenn das unterschiedlich zugeht. Etliche haben es ganz rein, andere nicht ganz rein. Diejenigen, die es rein haben, die Gold, Silber und Edelstein in das Fundament einbauen; die es unrein haben, sind diejenigen, die Heu, Stroh, Holz in das Fundament bauen und doch durchs Feuer selig werden. Dies ist das Hauptstück und das hohe Hauptheiligtum, nach dem das christliche Volk heilig heißt. Denn Gottes Wort ist heilig und heiligt alles, was es berührt, ja, es ist Gottes Heiligkeit selbst.

Dieses Heiligtum ist das rechte Heilmittel, die rechte Salbe, die zum ewigen Leben salbt, wenn Du auch keine Papstkrone und keinen Bischofshut haben kannst, sondern ganz entblößt, nackten Leibes leben und sterben müsstest, wie die Kinder (und wir alle) nackt und ohne jeden Schmuck getauft werden. Wir reden aber von dem äußerlichen Wort, das durch Menschen wie Dich und mich mündlich gepredigt wird. Denn das hat Christus hinterlassen als ein äußerliches Zeichen, an dem man seine Kirche oder sein christliches, heiliges Volk in der Welt erkennen soll. Wir reden auch von dem mündlichen Wort, das mit Ernst geglaubt und vor der Welt öffentlich bekannt wird, wie Christus spricht: „Wer mich vor den Menschen bekennt, den will ich auch vor meinem Vater und seinen Engeln bekennen."

mm

Dass Ihr aber nicht versteht, warum ich die hohen Häupter und Prälaten so hart antaste und schelte, sie Narren und Esel heiße, so doch Christus allenthalben lehrt, man soll geduldig sein, antworte ich: Meine Geduld und Demut hab ich allzu viel erzeigt. Ich habe gefleht und gebetet, ich habe mich allzeit untertäniglich erboten, wie alle Welt weiß.

Man ist es bisher gewohnt, die Prälaten zu loben und schmeicheln, dieweil das Evangelium unter der Bank lag. Da es nun aber hervorkommt und die hohen Köpfe als Narren und Blinde straft, dünkt es uns wunderlich zu sein. Gewalt und Unrecht soll jedermann leiden – das habe ich getan und tue es noch –, aber ein Prediger soll nicht darum schweigen, sondern, wie Jesaja 58,1 sagt, seine Stimme erheben und den Prälaten ihre Sünde, Schalkheit, Büberei und so weiter sagen. Also haben die Propheten, Apostel, Christus selber getan, wiewohl sie auch allerlei Leiden williglich duldeten. Es ist ein großer Unterschied, Geduld haben und zu der Bosheit der Prälaten schweigen. Schweigen taugt nicht, leiden soll man, strafen und schelten muss man, aber heben und wohltun muss man auch. Ein Vater schilt, straft und stäupt sein Kind und ist ihm doch nicht feind; der ist ihm aber feind, der zu seiner Bosheit schweigt und nicht schilt noch straft. Hiermit befehle ich Euch Gott.

Es gibt nun noch mehr äußere Zeichen, an denen man die heilige, christliche Kirche erkennt, nämlich wenn uns der Heilige Geist hilft, dass wir Vater und Mutter herzlich ehren und sie wiederum Kinder christlich erziehen und ehrlich leben; wenn wir unseren Fürsten und Herren treu und gehorsam dienen und Untertan sind und diese umgekehrt ihre Untertanen liebhaben, schützen und schirmen; ebenso wenn wir niemandem gram sind, keinen Zorn, Hass, Neid oder Rachgier gegen unseren Nächsten hegen, sondern gern vergeben, gern ausleihen, helfen und raten; wenn wir nicht unzüchtig und Säufer, nicht stolz, hochmütig, hochfahrend, sondern keusch, züchtig, nüchtern, freundlich, gelinde, sanft und demütig sind; nicht stehlen, rauben, Wucher treiben, geizig sind, überteuern, sondern milde, gütig, genügsam und bereit zum Teilen; nicht falsch, verlogen, meineidig, sondern wahrhaftig, standhaft und was mehr von diesen Geboten gelehrt wird, wie das alles St. Paulus wiederholt reichlich lehrt. Denn deshalb müssen wir auch die Zehn Gebote haben, nicht allein darum, damit er uns auf die Weise des Gesetzes sage, was wir zu tun schuldig sind, sondern auch, damit wir dabei sehen, wieweit uns der Heilige Geist mit seinem Heiligen gebracht hat und an wie vielem es noch fehlt – damit wir nicht sicher werden und denken, wir haben's nun alles getan –, und so immer weiter wachsen in der Heiligung und stets mehr und mehr eine neue Schöpfung werden in Christus.

Obwohl dieses Zeichen als nicht so sicher angesehen werden kann..., weil sich auch etliche Heiden in solchen Werken geübt haben und wohl zuweilen heiliger erscheinen als die Christen, so geht doch deren Tun und Treiben nicht so rein und einfältig aus dem Herzen um Gottes willen, vielmehr suchen sie etwas anderes dabei, weil sie weder rechten Glauben noch Erkenntnis Gottes haben. Hier aber ist der Heilige Geist, der das Herz heiligt und solche Frucht aus gutem, feinem Herzen bringt.

Essen und Trinken

Unser Herr Gott gönnt uns gern, dass wir essen, trinken und fröhlich sind und uns des Geschaffenen bedienen. Denn darum hat er dies alles geschaffen. Er will nicht, dass wir darüber klagen, er habe uns nicht genug gegeben, er könne unseren armen Madensack nicht ernähren noch füllen. Es geht darum, dass wir ihn als unseren Gott erkennen und für seine Gaben danken.

[Als Weintrauben, Nüsse, Pfirsiche und so weiter nach der Mahlzeit auf den Tisch gestellt wurden und alle mit Lust davon aßen, sprach er:] Was sagt unser Herr Gott im Himmel dazu, dass wir hier sitzen und seine Güter verzehren? Nun – er hat sie darum geschaffen, dass wir sie nutzen sollen – und er verlangt nichts anderes von uns, als dass wir erkennen, dass es seine Güter sind und wir sie mit Dankbarkeit genießen.

Den zweiten bösen Anteil im Menschen nennt er (Paulus) die weltlichen Begierden, er fasst darin alles unordentliche Verhalten, das ein Mensch gegen sich selbst und gegen den Nächsten übt, zusammen. Weltlich nennt er sie, damit er alle bösen Begierden erfasst, es seien nun die Güter, die Lust, die Ehre, die Gunst und alles, was die Welt gern hat, worin ein Mensch sich mit seinen Begierden versündigen kann. Allerdings spricht er nicht davon, dass wir uns von allen weltlichen Gütern oder ihrem Gebrauch abwenden sollen. Die Güter sind gut und Gottes Schöpfungen, also sollen wir sie uns zu Diensten gebrauchen, zum Essen, Trinken, zu Kleidern und anderer Bedürfnisse. Keines dieser Güter ist verboten, wohl aber die Begierde danach, das Kleben daran, das daran Hängen, das ist verboten, dem müssen wir absagen. Denn das führt in alle Sünden gegen uns selbst und gegen den Nächsten.

////////

Es ist ja wahr, dass wir frei sind für alle Speisen, Fleisch, Fisch, Eier oder Butter. Das kann ja niemand leugnen. Die Freiheit hat uns Gott gegeben, das ist wahr. Jedoch müssen wir wissen, unsere Freiheit zu gebrauchen und uns hierin anders zu verhalten gegenüber Schwachen und ganz anders gegenüber Halsstarrigen. Nun merke Du, wie Du diese Freiheit gebrauchen sollst.

Zum ersten, wenn Du es nicht ohne Deinen Schaden entbehren kannst oder krank bist, so kannst Du sicher essen, worauf Du Lust hast, es ärgere sich darüber, wer da wolle. Und wenn sich gleich die ganze Welt darüber ärgerte, sündigst Du dabei nicht, denn Gott kann Dir's sehr wohl zugute halten in Anbetracht seiner Freiheit, mit der er Dich begnadet hat, und Deiner Notlage, die fordert, dass Du es ohne Deine Gefahr nicht entbehren kannst.

Zum zweiten, wenn man Dich dazu zwingen wollte, wie es denn der Papst getan hat mit seinen närrischen toten Gesetzen: Du solltest nicht am Freitag Fleisch essen, sondern Fisch, Fisch in der Fastenzeit und nicht Eier, Butter und so weiter. Da sollst Du Dich in keiner Weise von der Freiheit, in die Dich Gott gesetzt hat, abdrängen lassen, sondern ihm zum Trotz das Gegenteil tun und sagen: Ja grade weil Du mir verbietest, Fleisch zu essen, und unterstehst Dich, aus meiner Freiheit ein Gebot zu machen, eben deshalb will ich Dir das zum Trotz essen. Ebenso sollst Du ihm in allen ändern Dingen tun, die da frei sind. Nimm ein Beispiel: Wenn mich der Papst oder sonst jemand zwingen wollte, dass ich die Mönchskappe tragen solle, die und keine andere, so würde ich die Kappe ihm zum Trotz ablegen; da es nun aber in meinem freien Willen steht, so will ich sie tragen, wenn es mich gelüstet, wenn aber nicht, so will ich sie ablegen.

Zum dritten sind etliche, die noch im Glauben schwach sind, die doch zu unterweisen wären und auch gerne glaubten wie wir. Allein ihre Unwissenheit hindert sie, und wenn ihnen das gepredigt würde, wie uns geschehen ist, wären sie mit uns eins. Gegenüber solchen gutherzigen Menschen müssen wir uns ganz anders verhalten als gegenüber den Halsstarrigen. Mit jenen sollen wir Geduld haben, uns unserer Freiheit enthalten, weil es uns keinen Schaden oder Gefahr weder an Leib noch Seele bringt, ja vielmehr förderlich ist, und wir daneben unsern Brüdern und Schwestern einen großen Nutzen tun. Wenn wir aber unsere Freiheit ohne Not so frech unserm Nächsten zum Ärgernis brauchten, dann trieben wir den zurück, der sonst mit der Zeit zu unserm Glauben käme.

Lieber Herr Käthe! Ich weiß Dir nichts zu schreiben, weil Magister Philippus samt den ändern selbst heimkommt. Ich muss länger hier bleiben um des frommen Fürsten willen.

Gestern hatte ich einen bösen Trank gefasset, da musst ich singen: „Trink ich nicht wohl, das ist mir leid, und tat's so rechte gerne." Und gedachte, wie gut Wein und Bier hab ich daheim, dazu eine schöne Frau, oder sollt ich sagen: Herren. Und Du tätest wohl daran, dass Du mir den ganzen Keller voll meines Weins und eine Flasche Deines Biers herüberschicktest, sobald Du kannst, sonst komme ich vor dem neuen Bier nicht wieder. Hiermit Gott befohlen samt unsern Kindern und allem Gesinde, Amen.

~~~

Ich esse, dass ich guten Mutes bin, Du gibst mir zu essen, dass ich fröhlich werde und schenkst mir einen frischen Trunk ein. Auf einem vollen Bauch steht ein fröhliches Haupt.

~~~

Danach folgt der Missbrauch des Fressens und Saufens, von dem wir Deutschen, als von einem besonderen Laster, keinen guten Ruf haben in fremden Landen. Dem ist mit Predigen hinfort nimmer zu steuern; so sehr ist es eingerissen und hat Überhand genommen. Der Schaden am Gut wäre das geringste, wenn die folgenden Laster: Mord, Ehebruch, Stehlen, Gottes Unehre und alle Untugenden, nicht folgten. Das weltliche Schwert kann hier etwas wehren; im übrigen wird's gehen, wie Christus sagt, dass der Jüngste Tag kommen wird wie ein Fallstrick, wenn sie trinken und essen, freien und buhlen, bauen und pflanzen, kaufen und verkaufen werden, wie es denn jetzt geht – so stark, dass ich fürwahr hoffe, der Jüngste Tag sei vor der Tür, obwohl man am wenigsten daran denkt.

Frei sein

Ein Christenmensch ist ein freier Herr über alle Dinge und niemandem untertan. Ein Christenmensch ist ein dienstbarer Knecht aller Dinge und jedermann untertan.

⁓⁓⁓

Es ist ja offenbar, dass kein äußerliches Ding ihn frei oder fromm machen kann, wie es auch immer genannt werden mag; denn seine Frommheit und Freiheit, wiederum seine Bosheit und sein Gefängnis sind weder leiblich noch äußerlich. Was hilft es der Seele, dass der Leib ungefangen, frisch und gesund ist, isst, trinkt, lebt, wie er will? Wiederum, was schadet es der Seele, dass der Leib gefangen, krank und matt ist, hungert, dürstet und leidet alles, wie er es nicht gern will? Von diesen Dingen reicht keines bis an die Seele, um sie zu befreien oder zu fangen, sie fromm oder böse zu machen. So hilft es der Seele nichts, wenn der Leib heilige Kleider anlegt, wie es die Priester und Geistlichen tun; auch nicht, wenn er in den Kirchen und an den heiligen Stätten ist; auch nicht, wenn er leiblich betet, fastet, wallfahrtet und alle guten Werke tut, die nur immer durch den Leib und in dem Leibe geschehen können. Es muss noch alles etwas ganz anderes sein, was der Seele Frommheit und Freiheit bringt und gibt. Denn alle diese oben genannten Stücke, Werke und Weisen kann auch ein böser Mensch, ein Gleisner und Heuchler, an sich haben und ausüben. Durch solch ein Treiben wird auch kein anderes Volk als eitel Gleisner werden. Wiederum schadet es der Seele nichts, wenn der Leib unheilige Kleider trägt, an unheiligen Orten ist, isst, trinkt, wallfahrtet, nicht betet und alle die Werke anstehen lässt, die die oben genannten Gleisner tun.

Das weltliche Regiment hat Gesetze, die sich nicht weiter erstrecken als über Leib und Gut und was äußerlich ist auf Erden. Denn über die Seele kann und will Gott niemanden regieren lassen als sich selbst allein. Darum: Wo weltliche Gewalt sich anmaßt, der Seele Gesetze zu geben, da greift sie Gott in sein Regiment und verführt und verdirbt nur die Seelen. Das wollen wir so klarmachen, dass man es mit Händen greifen kann, auf dass unsere Junker, die Fürsten und Bischöfe, sehen, was sie für Narren sind, wenn sie die Menschen mit ihren Gesetzen und Geboten zwingen wollen, so oder so zu glauben.

Wir aber verdammen Menschenlehren nicht deshalb, weil sie Menschenlehren sind, denn wir möchten sie schon aushalten. Sondern deshalb, weil sie gegen das Evangelium und die Schrift sind. Die Schrift macht die Gewissen frei und verbietet, sie mit Menschenlehren zu fangen; diese Zwietracht zwischen der Schrift und der Menschenlehre können wir nicht übereinbringen.

Wer kann nun die Ehre und Höhe eines Christenmenschen ausdenken? Durch sein (nämlich Christi) Königreich ist er aller Dinge mächtig, durch sein Priestertum ist er Gottes mächtig; denn Gott tut, was er bittet und will, wie im Psalter geschrieben steht: „Gott tut den Willen derer, die ihn fürchten, und erhört ihr Gebet." Zu diesen Ehren kommt der Christ ausschließlich durch den Glauben und durch kein Werk. Daraus sieht man klar, wie ein Christenmensch frei ist von allen Dingen und über alle Dinge, so dass er keiner guten Werke dazu bedarf, damit er fromm und selig sei, sondern der Glaube bringt es ihm alles im Überfluss. Wenn er so töricht wäre und meinte, durch ein gutes Werk fromm, frei, selig oder Christ zu werden, so verlöre er den Glauben mit allen Dingen, so wie der Hund, der ein Stück Fleisch im Mund trug und nach dem Schatten im Wasser schnappte, damit beides verlor, Fleisch und Schatten.

Wie ist Gott ein so reicher Gott! Er gibt genug. Aber wir achten das nicht. Adam schenkt er die ganze Welt; das galt nichts: Ihm ging es nur um einen einzigen Baum. Da musste er fragen, warum Gott ihn verboten hatte. So geht es uns heute auch. Gott hat uns in seinem offenbarten Wort genug zu lernen gegeben. Das lassen wir liegen und suchen nach verborgenem Willen, was wir doch nicht erfahren können. Deshalb geschieht uns recht, wenn wir zugrunde gehen.

Gott dienen

So besteht nun Gottes Dienst darin, dass Du Gott erkennst, ehrst, liebst aus ganzem Herzen, all Dein Vertrauen und Zuversicht auf ihn setzt, an seiner Güte nimmer zweifelst, weder im Leben noch im Sterben, weder in Sünden noch Rechttun, wie das erste Gebot lehrt. Zu dem können wir allein durch Christi Verdienst und Blut gelangen, der uns ein solches Herz erworben hat und gibt, wenn wir sein Wort hören und glauben, und die Natur kann ein solches Herz nicht von sich selbst haben.

⁂

Wenn Du das heilige Kreuz trägst und viel leiden musst um solchen Glaubens und Bekenntnisses willen, so dass Du Leib und Leben, Gut und Ehre, Freund und Gunst dransetzen musst; das heißt recht gefeiert und den Sabbat geheiligt, wo nicht Du selbst, sondern Gott allein in Dir wirkt, und Du nur ein leidender, verfolgter Mensch bist. Das ist das dritte Stück des Gottesdienstes, im dritten Gebot zusammengefasst. Sieh, das ist die erste Tafel mit den ersten drei Geboten, welche in den drei Stücken begriffen werden: Glauben, Bekennen und Leiden; dadurch wird diesem Leben und der Welt entsagt und allein Gott gelebt.

Zum vierten kommen wir in die zweite Tafel, und vor allem dienst Du Gott besonders, wenn Du Vater und Mutter ehrst, ihnen untertänig und gehorsam bist, ihnen hilfst, wo sie es bedürfen, vor allen Menschen auf Erden, ohne ihren Willen auch nicht Geistlicher wirst, wenn sie Deiner zuvor bedürfen oder Dich anders brauchen wollen.

Zum fünften: dass Du niemand am Leibe Schaden tust, sondern jedermann wohltust, auch Deinen Feinden, die Kranken und Gefangenen besuchst und allen Bedürftigen Deine Hand reichst, zu allen Menschen ein gutes, freundliches Herz trägst.

Zum sechsten: dass Du keusch und mäßig lebst, oder ja Deine Ehe recht hältst und ändern halten hilfst.

Zum siebenten: dass Du niemand betrügst noch schädigst noch in zeitlichem Gut übervorteilst, sondern jedermann leihst, gibst, wechselst, wo Du vermagst, und Deines Nächsten Schaden verhütest.

Zum achten: dass Du Deine Zunge hütest, niemand schändest, ins Gerücht bringst, belügst; sondern jedermann deckst, entschuldigst und verschonst.

Zum neunten und zehnten: dass Du niemandes Weib noch Gut begehrst.

Sieh, das sind die Stücke göttlichen, grundguten Dienstes, den fordert er von Dir und sonst keinen; was Du darüber hinaus tust, das achtet er nicht. Er ist auch klar und leicht genug zu verstehen bei jedermann. Nun siehst Du, dass der rechte Gottesdienst allen Ständen, allen Menschen gemeinsam sein muss und nur dieser einzige in Gottes Volk gefunden werden. Und wo ein anderer Gottesdienst gefunden wird, der muss gewiss falsch und verführerisch sein; wie der es ist, der nicht allgemein sein will, sondern sich auf etliche besondere Stände und Menschen beschränkt. Das sei von dem rechten, allgemeinen, einzigen Gottesdienst gesagt.

Musik

Es ist kein Zweifel: Viele Samen guter Eigenschaften stecken in den Gemütern, die von der Musik ergriffen werden, die aber nicht von ihr ergriffen werden, sind, denke ich, Stümpfen und Steinen gleich. Denn wir wissen, dass die Musik auch den Dämonen verhasst und unerträglich ist. Und ich urteile frei heraus und scheue mich nicht zu behaupten, dass nach der Theologie keine Kunst sei, die der Musik gleichzustellen wäre, weil sie allein nach der Theologie das schenkt, was sonst allein die Theologie schenkt: ein ruhiges und fröhliches Herz.

Dafür ist ein klarer Beweis, dass der Teufel, der Vater der traurigen Sorgen und des unruhigen Umtreibens, bei der Stimme der Musik ebenso flieht wie beim Wort der Theologie. Daher kam es, dass die Propheten keine Kunst so gebraucht haben wie die Musik, da sie ihre Theologie nicht in die Geometrie, nicht in die Arithmetik, nicht in die Astronomie, sondern in die Musik gefasst haben, damit sie Theologie und Musik in engster

Verbindung hätten, wenn sie die Wahrheit in Psalmen und Liedern verkündigten.

∿∿∿

Aber was lobe ich jetzt die Musik und versuche, auf einem so kleinen Blatt Papier eine solche Sache abzumachen oder vielmehr zu verunstalten? Aber mein Herz geht über, und meine Liebe zu ihr sprudelt so heraus, die mich so oft erquickt und aus großen Nöten befreit hat.

∿∿∿

Ich hoffe sehr, dass mein Lebensende bevorsteht; die Welt hasst mich und kann mich nicht leiden, und umgekehrt bin ich der Welt müde und habe sie satt. Deshalb möge der gute und getreue Hirte meine Seele zu sich nehmen. Darum habe ich angefangen, diese Antiphon zu singen und wünsche, sie (mehrstimmig) komponiert zu hören. Für den Fall, dass Du sie nicht hast oder nicht kennst, schicke ich sie Dir hier mit ihren Noten aufgezeichnet, die Du, vielleicht nach meinem Tode, wenn Du willst, komponieren kannst. Der Herr Jesus sei mit Dir in Ewigkeit, Amen. Verzeih meine

Musik

Vermessenheit und meine Redseligkeit. Grüße mir den ganzen Chorus Deiner Musik ehrerbietig.

~~~

So höret nun, was wir in Gottes Namen zu Euch sagen, nämlich, dass Ihr fröhlich sein sollt in Christus, der Euer gnädiger Herr ist. Lasst ihn für Euch sorgen; er sorgt auch für Euch, wenn Ihr auch noch nicht habt, was Ihr gern hättet. Er lebt noch, und erwartet das Beste von ihm, das gefällt ihm, wie die Schrift sagt, als das beste Opfer. Denn es gibt kein lieblicheres Opfer als ein fröhliches Herz.

Darum, wenn Ihr traurig seid, und es will überhand nehmen, so sprecht: „Auf! Ich muss meinem Herrn Christus ein Lied machen auf dem Regal (das ist eine tragbare Kleinorgel) – es sei Te deum laudamus –, denn die Schrift lehrt mich, er höre gern fröhlichen Gesang und Saitenspiel." Und greift frisch in die Tasten und singet drein, bis die Gedanken vergehen, wie es David und Elisäus taten. Kommt der Teufel und gibt Euch Eure Sorgen oder Gedanken ein, so wehrt Euch frisch und sprecht: „Aus, Teufel; ich muss jetzt meinem Herrn Christus singen und spielen."

So müsst Ihr Euch wahrlich ihm widersetzen lernen und nicht gestatten, dass er Euch Gedanken macht. Denn wenn Ihr einen einlasst und ihm zuhört, so treibt er Euch wohl zehn Gedanken hintennach, bis er Euch übermannt hat. Darum nichts besser, denn flugs im Ersten auf die Schnauze geschlagen! Und wie jener Ehemann tat, wenn seine Ehefrau anfing zu nagen und beißen, nahm er die Pfeife unter dem Gürtel hervor und pfiff getrost; da ward sie zuletzt so müde, dass sie ihn zufrieden ließ. Ebenso greift Ihr auch ins Regal oder nehmt gute Gesellen und singt dagegen, bis Ihr lernt ihn spotten.

Dass geistliche Lieder zu singen gut und Gott wohlgefällig ist, denke ich, sei keinem Christen verborgen, da doch jedem nicht nur das Beispiel der Propheten und Könige im Alten Testament (die mit Singen und Klingen, mit Dichten und allerlei Saitenspiel Gott gelobt haben) vertraut ist, sondern dieser Brauch, besonders im Psalmengesang, auch der ganzen Christenheit von Anfang an bekannt ist. Auch hat ja St. Paulus dies angeordnet und gebietet den Kolossern, von Herzen dem Herrn geistliche Lieder und Psalmen zu singen, damit dadurch Gottes Wort und die christliche Lehre auf allerlei Weise getrieben und geübt werden.

Und es sind diese Lieder dazu auch in vier Stimmen gesetzt, aus keinem anderen Grunde, als dass ich gerne möchte, dass die Jugend, die ohnehin in der Musik und anderen rechten Künsten erzogen werden soll und muss, etwas hätte, damit sie die Buhllieder und fleischlichen Gesänge loswürde und statt derselben etwas Heilsames lernte und so das Gute mit Lust, wie es den Jungen gebührt, einginge. Ich bin auch nicht der Meinung, dass durchs Evangelium sollten alle Künste zu Boden geschlagen werden und vergehen, wie etliche falsche Eiferer vorgeben, sondern ich möchte alle Künste, besonders die Musik, gerne sehen im Dienste dessen, der sie gegeben und geschaffen hat. Ich bitte deshalb, dass ein jeder fromme Christ sich das gefallen lassen wolle und er da, wo ihm Gott mehr oder dasselbe verliehen hat, dies fördern helfe. Es ist ohnehin leider alle Welt viel zu nachlässig und zu gedankenlos, die arme Jugend zu erziehen und zu lehren, als dass man allen voran auch noch Anlass dazu geben dürfte. Gott gebe uns seine Gnade.

Die Erfahrung zeigt, dass nach dem heiligen Wort Gottes nichts so sehr und so hoch zu rühmen ist wie die Musik. Aus dem Grund nämlich, dass sie die Königin aller Bewegungen des menschlichen Herzens ist, mächtig und gewaltig. Nichts auf Erden ist wirksamer, sie macht die Traurigen fröhlich und die Fröhlichen traurig, die Verzagten herzhaft, reizt die Hochmütigen zur Demut, stillt und dämpft die hitzige und übermäßige Liebe, mindert Hass und Neid. Ja, wer könnte alle Bewegungen des menschlichen Herzens aufzählen, die die Leute lenken. Nichts ist wirksamer als die Musik, diese Bewegungen des Gemüts im Zaum zu halten und zu lenken.

So gibt es nun im Neuen Testament einen besseren Gottesdienst, wovon der Psalm hier spricht: „Singet dem Herrn ein neues Lied. Singet dem Herrn, alle Welt." Denn Gott hat unser Herz und Gemüt durch seinen lieben Sohn fröhlich gemacht, welchen er für uns hingegeben hat zur Erlösung von Sünden, Tod und Teufel. Wer dies mit Ernst glaubt, der kann es nicht lassen: Er muss fröhlich und mit Lust davon singen und sagen, damit andere es auch hören und herzukommen.

Die Musik ist ein Zeichen der Gabe Gottes und der Theologie am nächsten. Ich wollte auf mein bisschen Musik um keinen Preis verzichten, und die Jugend muss sich dieser Kunst widmen; sie schafft feine, geschickte Menschen.

Kinder

Gott befiehlt Vater und Mutter so das Amt, dass sie für die Kinder da sind, wobei man lernen und gleich wie in einem Spiegel sehen kann, wie Gott gegen uns gesinnt sei; nämlich wie des Vaters Herz zu den Kindern, so steht Gottes Herz zu Dir. Daher kommt denn das allgemeine Sprichwort, und es ist auch wohl wahr: dass Vater und Mutter an den Kindern den Himmel und die Hölle verdienen können, wenn sie ihnen gut oder schlecht vorstehen. Denn Vater und Mutter müssen sorgen und bedenken, wie sie die Kinder leiblich versorgen mit Essen, Trinken, Schuhen und Kleidern, und auch an der Seele, dass sie recht Gott erkennen lernen durch sein Wort.

[Da Doktor Jonas einen schönen Ast mit Kirschen zum Gedächtnis der Schöpfung über den Tisch hängte und den herrlichen Segen Gottes an solchen Früchten lobte, sprach Luther:] Warum bedenkt ihr das nicht vielmehr an Euren Kindern als den Früchten Eures Leibes?

Sie übertreffen doch aller Bäume Früchte und sind schönere, herrlichere Kreaturen Gottes? An ihnen sieht man Gottes Allmacht, Weisheit und Kunst, der sie aus nichts geschaffen hat. Er hat ihnen in einem Jahr Leib, Leben und alle Glieder so fein und wohlgestalt geschaffen und will sie ernähren und erhalten. Wir aber gehen dahin und geben nicht viel darauf, ja, wir werden über solche Gaben Gottes sogar blind und geizig. Wie es gemeinhin geschieht, dass Menschen, sobald sie Kinder kriegen, ärger und geiziger werden, scharren, schinden und schaben, soviel sie nur können, damit sie ihnen viel übrig lassen. Sie wissen nicht, dass einem Kind, ehe es auf die Welt kommt und geboren wird, sein bescheidenes Teil, was und wie viel es haben und was aus ihm werden soll, bereits zugeeignet und geschenkt ist. Wie die Schrift und das gemeine Sprichwort sagt: „Je mehr Kinder, je mehr Glück!" Ach lieber Gott, wie groß ist doch die Blindheit, Unwissenheit und Bosheit an einem Menschen, der das nicht bedenken kann, sondern widerstrebt den allerbesten und herrlichsten Gaben Gottes, missbraucht sie zu allen Sünden und Schanden nach seinem Gefallen und seiner Wollust, singt unserem Herren kein Deo gratias (Gott sei Dank) dafür!

Ein Mann spricht im Glauben über Kinder: Ach Gott, weil ich gewiss bin, dass Du mich als Mann geschaffen hast und aus meinem Leib das Kind gezeugt hast, so weiß ich auch gewiss, dass es Dir aufs allerbeste gefällt, und bekenne Dir, dass ich nicht würdig bin, das Kind zu wiegen, seine Windeln zu waschen und für seine Mutter zu sorgen. Ach, wie gern würde ich das tun, auch wenn es noch geringer und verachteter wäre. Nun soll mich weder Frost noch Hitze, weder Mühe noch Arbeit verdrießen, weil ich gewiss bin, dass es Dir so wohlgefällt.

Wenn ein Mann hinginge und würde die Windeln waschen und würde sonst ein verächtliches Werk am Kind tun – und jeder würde seiner spotten und für einen Maulaffen und Frauenmann halten. Wenn er all dies im oben gesagten Sinn tut und im christlichen Glauben: Mein Lieber, sag an, wer spottet hier über wen am besten? Gott lacht und freut sich mit allen Kreaturen – nicht darüber, dass er die Windeln wäscht, sondern darüber, dass er es im Glauben tut. Über jene Spötter aber, die nur das Werk und nicht den Glauben sehen, spottet Gott mit aller Kreatur als über den größten Narren auf Erden. Ja, sie spotten nur sich selbst und sind mit ihrer Klugheit Maulaffen des Teufels.

vvvv

Das Allerbeste im ehelichen Leben, um welches willen auch alles zu leiden und zu tun wäre, ist, dass Gott Frucht gibt und befiehlt, sie aufzuziehen zu Gottes Dienst. Das ist auf Erden das allerkostbarste, teuerste Werk, weil Gott nichts Lieberes geschehen kann, als Seelen zu erlösen. Nun wir denn alle schuldig sind, wo es not wäre, zu sterben, damit wir eine Seele zu Gott bringen können, so siehst Du, wie reich der eheliche Stand ist von guten Werken, dem Gott die Seelen in den Schoß gibt, vom eigenen Leibe erzeugt, an welchen sie alle christlichen Werke üben können. Denn ganz gewiss sind Vater und Mutter die Apostel, Bischöfe, Pfarrer ihrer Kinder, indem sie ihnen das Evangelium kundmachen. Und kurz: Es ist keine größere, edlere Gewalt auf Erden als die der Eltern über ihre Kinder, da sie ja geistliche und weltliche Gewalt über sie haben. Wer den andern das Evangelium lehrt, der ist wahrlich sein Apostel und Bischof. Hüte und Stäbe und große Länder machen gewiss Götzen; aber das Evangelium zu lehren, macht Apostel und Bischöfe. Darum siehe, wie gut und reich es ist, was Gottes Werk und Ordnung ist.

*

Meine Eltern haben mich aufs Strengste bis zur Ängstlichkeit erzogen. Meine Mutter schlug mich um einer einzigen Nuss willen bis aufs Blut. Und mit einer so strengen Erziehung haben sie mich schließlich ins Kloster getrieben, wiewohl sie es herzlich gut gemeint haben, ich aber bloß ängstlich geworden bin. Sie konnten nicht unterscheiden zwischen den Anlagen und der Erziehung, mit der sie gemäßigt werden mussten. Man muss so strafen, dass der Apfel bei der Rute sei.

*

Wenn ein Kind zu begreifen beginnt, soll man es daran gewöhnen, aus den Predigten Sprüche der Schrift mitzubringen und den Eltern bei Tisch aufzusagen, wenn man essen will, wie man früher das Latein aufsagen musste. Und dann soll man die Sprüche in Säckchen und Beutelchen stecken, wie man die Pfennige und Groschen in die Tasche steckt.

Niemand halte sich für zu klug und verachte dieses Kinderspiel! Christus, da er Menschen erziehen wollte, musste Mensch werden. Sollen wir Kinder erziehen, so müssen wir auch Kinder mit ihnen werden. Wollte Gott, dass das Kinderspiel recht getrieben würde! Man sollte in kurzer Zeit einen großen Schatz von christlichen Leuten sehen und dass Seelen in der Schrift und Erkenntnis Gottes reich würden, bis sie selbst mehr solcher Beutelchen, nämlich Hauptbegriffe, machten und die ganze Schrift darein fassten. Sonst geht man täglich zur Predigt und geht wieder davon, wie man hingegangen ist. Denn man meint, es gelte nichts anderes, als die Zeit über zuzuhören, und niemand gedenkt, etwas davon zu lernen und zu behalten. So hört mancher Mensch drei, vier Jahre predigen und lernt doch nicht, dass er auf ein Stück des Glaubens antworten könnte. Es steht zwar in den Büchern genug geschrieben, aber es ist noch nicht alles in die Herzen getrieben.

Lass Deinen Sohn getrost studieren. Und sollte er auch derweil um Brot betteln, so gibst Du unserem Herrgott ein feines Hölzchen, aus dem er Dir einen Herrn schnitzen kann. Es wird doch dabei bleiben, dass Dein und mein Sohn, das heißt gewöhnlicher Leute Kinder, die Welt regieren müssen, sowohl im geistlichen als auch im weltlichen Stande, wie dieser Psalm bezeugt. Denn die reichen Geizwänste können's und wollen's nicht tun. Sie sind des Mammons Kartäuser und Mönche; den müssen sie Tag und Nacht verwalten. Ebenso vermögen's die geborenen Fürsten und Herren alleine nicht, und besonders vermögen sie das geistliche Amt gar nicht zu versehen. So müssen durchaus beide Regimente auf Erden bei den armen, mittelmäßigen und gewöhnlichen Leuten bleiben und bei ihren Kindern.

Kehre Dich nicht daran, dass jetzt der gewöhnliche Geizwanst die Wissenschaft so tief verachtet und spricht: Ha, wenn mein Sohn Deutsch schreiben, lesen oder rechnen kann, so kann er genug. Ich will ihn zum Kaufmann geben! Sie werden in Kürze so kirre werden, dass sie gern einen Gelehrten zehn Ellen tief mit den Fingern aus der Erde grüben. Denn der Kaufmann wird mir nicht lange Kaufmann sein, wenn die Predigt und das Recht verfallen. Das weiß ich fürwahr: Wir Theologen und Juristen müssen bleiben, oder sie werden allesamt mit uns untergehen, das wird mir nicht ausbleiben. Wo die

Theologen verschwinden, da verschwindet Gottes Wort, und es bleiben lauter Heiden, ja, lauter Teufel; wo die Juristen verschwinden, da verschwindet das Recht samt dem Frieden, und es bleibt lauter Raub, Mord, Frevel und Gewalt. Was aber der Kaufmann erwerben und gewinnen wird, wenn der Friede verschwindet, und wie viel ihm dann sein Gut nützen wird, wenn die Predigt fehlt, das wird ihm sein Gewissen dann wohl zeigen.

Paulus sagt: „Ihr Väter, reizt Eure Söhne nicht zum Zorn, damit sie nicht kleinmütig werden." Das will heißen: Schlage sie, wenn sie es verdienen, aber gib gute Worte dazu, damit sie nicht kleinmütig werden und Euch nichts Gutes mehr zutrauen. Denn es ist sehr schlimm, wenn ein Sohn einen anderen Menschen mehr liebt als seinen Vater. Darum muss der Vater ein Zeichen setzen, dass man das Verhältnis nicht ganz zerstören möchte. Das reine Gesetz taugt zu nichts, ja, es ist unerträglich. Paulus und Petrus waren erfahrene Menschen; sie müssen Frau und Kinder gehabt haben.

Bibel

Ich habe mich beim Dolmetschen bemüht, reines und klares Deutsch zu sprechen. Oft ist es uns so gegangen, dass wir vierzehn Tage, drei, vier Wochen ein einziges Wort gesucht und danach gefragt haben, und haben es doch manchmal nicht gefunden. Nun, da alles eingedeutscht und aufbereitet ist, kann es ein jeder lesen und verstehen. Wenn ein Leser nun mit den Augen durch drei oder vier Seiten geht und stößt nicht einmal an, da merkt er gar nicht, welche Steine und Klötze da vorher gelegen sind. Jetzt geht er über die Seiten wie über ein gehobeltes Brett. Wir aber haben schwitzen und uns sorgen müssen, bis wir diese Steine und Klötze beseitigt haben, damit man so gut lesen kann. Also habe ich im Römerbrief im dritten Kapitel sehr wohl gewusst, dass das Wort „allein" nicht vorkommt. Gleichwohl meint der Text es so, und wenn man ihn klar und deutlich ins Deutsche übertragen möchte, so gehört dieses Wort hinein. Denn ich habe Deutsch und nicht Lateinisch oder Griechisch sprechen wollen, da ich mir das vorgenommen hatte. Es ist die Art unserer deutschen Sprache, dass sie, wenn sie von zwei Dingen redet, von denen man das eine bejaht und das andere verneint, das Wort „allein" gebraucht. Also wenn man sagt: Der Bauer erntet allein Korn und nicht Geld. Dann habe ich wahrlich jetzt nicht Geld, sondern Korn. Ich habe nur (allein) gegessen und nicht getrunken. Hast Du allein geschrieben und nicht gelesen? Es gibt dafür unzählige Beispiele im täglichen Gebrauch. Man muss nicht die Buchstaben in der lateinischen Sprache fragen, wie man das in Deutsch sagt, wie es diese Esel (der Papisten) tun, sondern man muss die Mutter im Hause, die Kinder auf der Straße, den gemeinen Mann auf dem Markt danach fragen und ihnen auf das Maul sehen, wie sie reden, und danach übersetzen, so verstehen sie dann und merken, dass man Deutsch mit ihnen redet.

<center>~~~~</center>

Als ich jung war, da war ich gelehrt, und insbesondere, ehe ich in die Theologie kam, da ging ich (bei der Bibel) mit Allegorien, Tropologien und Analogien um und machte lauter Kunst; wenn heute einer darüber verfüge – er würde es für ein reines Heiligtum halten. Ich aber weiß, dass (alle Auslegungsmethoden) lauter Dreck sind, denn jetzt habe ich sie fahren lassen; und dies ist meine letzte und beste Kunst: Die Schrift in ihrem einfachen Sinn zu lehren. Denn der buchstäbliche Sinn, der macht es aus, da ist Leben, Trost, Kraft, Lehre und Kunst drin. Das andere ist Narrenwerk, wiewohl es so glanzvoll scheint.

~~~

Erstens sollst Du wissen, dass die Heilige Schrift ein solches Buch ist, das die Weisheit aller anderen Bücher zur Narrheit macht, weil keines vom Ewigen Leben lehrt als dieses allein. Darum sollst Du an Deinem Sinn und Verstand stracks verzagen. Denn damit wirst Du es nicht erlangen, sondern mit solcher Vermessenheit Dich selbst und andere mit Dir vom Himmel (wie es Luzifer geschah) in den Abgrund der Hölle stürzen. Sondern kniee nieder in Deinem Kämmerlein und bitte mit rechter Demut und Ernst zu Gott, dass er Dir durch seinen lieben Sohn wolle seinen Heiligen Geist geben, der Dich erleuchte, leite und Verstand gebe.

Wie Du siehst, dass David im oben genannten Psalm immer bittet: „Lehre mich, Herr, unterweise mich, führe mich, zeige mir" und solcher Worte viel mehr. Obschon er doch den Text des Mose und anderer Bücher mehr gut kannte, auch täglich hörte und las, will er noch dazu den rechten Meister der Schrift selbst haben, auf dass er ja nicht mit der Vernunft drein falle und sein eigener Meister werde. Denn daraus werden Rottengeister, die sich lassen dünken, die Schrift sei ihnen unterworfen und leicht mit ihrer Vernunft zu erreichen.

*

Ein ganz ungewöhnlich brennendes Verlangen hatte mich gepackt, Paulus im Römerbrief zu verstehen; aber nicht Kaltherzigkeit hatte mir bis dahin im Wege gestanden, sondern ein einziges Wort, das im ersten Kapitel steht: „Gottes Gerechtigkeit wird darin offenbart." (Römer 1,17) Denn ich hasste diese Vokabel „Gerechtigkeit Gottes", die ich durch die übliche Verwendung bei allen Lehrern gelehrt war philosophisch zu verstehen von der sogenannten formalen oder aktiven Gerechtigkeit, mittels derer Gott gerecht ist und die Sünder und Ungerechten straft.

Ich aber, der ich, so untadelig ich auch als Mönch lebte, vor Gott mich als Sünder von unruhigstem Gewissen fühlte und mich nicht darauf verlassen konnte, dass ich durch meine Genugtuung versöhnt sei, liebte nicht, nein, hasste den gerechten und die Sünder strafenden Gott und war im stillen, wenn nicht mit Lästerung, so doch allerdings mit ungeheurem Murren empört über Gott: Als ob es wahrhaftig damit nicht genug sei, dass die elenden und infolge der Erbsünde auf ewig verlorenen Sünder mit lauter Unheil zu Boden geworfen sind durch das Gesetz der Zehn Gebote, vielmehr Gott durch das Evangelium zum Schmerz noch Schmerz hinzufüge und auch durch das Evangelium uns mit seiner Gerechtigkeit und seinem Zorn bedrohe. So raste ich wilden und wirren Gewissens; dennoch klopfte ich beharrlich an eben dieser Stelle bei Paulus an mit glühend heißem Durst, zu erfahren, was St. Paulus wolle.

Bis ich, dank Gottes Erbarmen, unablässig Tag und Nacht darüber nachdenkend, auf den Zusammenhang der Worte aufmerksam wurde, nämlich: „Gottes Gerechtigkeit wird darin offenbart, wie geschrieben steht: Der Gerechte lebt aus Glauben." Da begann ich, die Gerechtigkeit Gottes zu verstehen als die, durch die als durch Gottes Geschenk der Gerechte lebt, nämlich aus Glauben, und dass dies der Sinn sei: Durch das Evangelium werde Gottes Gerechtigkeit offenbart, nämlich die passive, durch die uns der barmherzige Gott gerecht macht durch den Glauben, wie geschrieben ist: „Der Gerechte lebt aus Glauben." Da hatte ich das Empfinden, ich sei geradezu von Neuem geboren und durch geöffnete Tore in das Paradies selbst eingetreten. Da zeigte mir sofort die ganze Schrift ein anderes

Gesicht. Ich durchlief dann die Schrift nach dem Gedächtnis und sammelte entsprechende Vorkommen auch bei anderen Vokabeln: zum Beispiel „Werk Gottes", das heißt: was Gott in uns wirkt; „Kraft Gottes", durch die er uns kräftig macht, „Weisheit Gottes", durch die er uns weise macht, „Stärke Gottes", „Heil Gottes", „Herrlichkeit Gottes".

Wie sehr ich vorher die Vokabel „Gerechtigkeit Gottes" gehasst hatte, so pries ich sie nun mit entsprechend großer Liebe als das mir süßeste Wort. So ist mir diese Paulus-Stelle wahrhaftig das Tor zum Paradies gewesen. Später las ich Augustins Schrift „Über den Geist und den Buchstaben". In ihr bin ich wider Erwarten darauf gestoßen, dass auch er die Gerechtigkeit Gottes ähnlich erklärt: als die, mit der Gott uns bekleidet, indem er uns rechtfertigt. Und obwohl dies noch unvollkommen gesagt ist und in Bezug auf die Zurechnung der Gerechtigkeit nicht klar alles erläutert, gefiel es mir doch, dass dort als Gerechtigkeit Gottes die gelehrt wird, durch die wir gerechtfertigt werden.

~~~

Gregor sagt zu Recht: Die Heilige Schrift ist ein Fluss, in dem der Elefant schwimmen und das Schaf zu Fuß gehen kann. Denn die Gelehrten und die großen Hanse verstehen sie nicht, aber die Geringen und Einfachen verstehen sie.

uuu

Wenn Christus spricht: Ex abundantia cordis os loquitur. (Matthäus 12,34) Wenn ich den Eseln folgen soll, werden die mir die Buchstaben vorlegen und so übersetzen: „Aus dem Überfluss des Herzens redet der Mund." Sage mir, ist das deutsch geredet? Welcher Deutsche versteht so etwas? Was ist „Überfluss des Herzens" für ein Ding? Das kann kein Deutscher sagen, er wolle denn sagen, dass einer ein allzu großes Herz habe oder zuviel Herz habe, obwohl das auch noch nicht richtig ist. Denn „Überfluss des Herzens" ist kein Deutsch, so wenig wie das Deutsch ist: „Überfluss des Hauses", „Überfluss des Kachelofens", „Überfluss der Bank"; sondern so redet die Mutter im Haus und der einfache Mann: „Wes das Herz voll ist, des geht der Mund über." Das heißt gut deutsch geredet, dessen ich mich befleißigt, aber leider nicht immer erreicht noch getroffen habe; denn die lateinischen Buchstaben hindern über die Maßen, sehr gutes Deutsch zu reden.

Sterben, Krankheit, Tod

Ich sehe die Beispiele ungern, in denen man berichtet, dass man gern stirbt. Viel lieber sehe ich die, die vor dem Tod zagen, zittern, erblassen und dennoch hindurchgehen. Den großen Heiligen ergeht es so, dass sie nicht gern sterben. Die Furcht kommt aus der Natur, denn der Tod ist eine Strafe, also ist er traurig. Dem Geist entsprechend stirbt man gern, gemäß dem Fleisch aber heißt es: „Und führen, wohin Du nicht willst." In den Psalmen und anderen Erzählungen wie etwa bei Jeremia sieht man, wie einer sich gern davon befreit hätte. „Hütet Euch", sagt er, „dass ihr nicht unschuldiges Blut vergießt!" Auch Christus sagt: „Dieser Kelch möge an mir vorübergehen!" Das alles geht in eine andere Richtung. Derselbe hat gesagt: „Ich habe Tod und Leben in meiner Hand!" Wir aber sind es gewesen, die ihm den blutigen Schweiß abgejagt haben.

Ich bin, stehe und liege hier in Gottes Willen, dem habe ich mich ganz ergeben, er wird es wohlmachen!

Denn das weiß ich gewiss, dass ich sterben werde, denn Er ist das Leben und die Auferstehung , und wer da lebt und glaubt an ihn, der wird nicht sterben, und wenn er auch gleich stirbt, so wird er leben. Darum befehle ich es seinem Willen, er wird es wohl machen.

/////

[Da Martinus Luther wegen Nierensteinen und Reißen in den Knien krank darniederlag, sprach er:] Der Satan plagt mich nicht nur mit einer, sondern mit vielerlei Krankheiten. Er erweist mir ganz besondere Gunst. Aber Gott sei Lob, der uns aus der Gewalt des Teufels gerissen und zu seinen Kindern gemacht hat. Einst waren wir in der Gewalt des Teufels. Nun aber sind wir durch Jesus Christus erlöst. Auch wenn es nun so ist, dass gottesfürchtige Herzen an Leib und Gut noch dem Teufel, den Krankheiten und Tyrannen unterworfen sind und von ihnen geplagt werden, so geschieht das zu unserem Besten, damit wir Gott in unserer Schwachheit, Torheit und Sünde vertrauen lernen. Gerade darin will er uns seine Macht, Weisheit und Gerechtigkeit beweisen und zeigen. Auch wenn wir unter dem Zorn Gottes leben und Gott bisweilen durch die Finger sieht, wenn wir angefochten sind und versucht werden – bisweilen bricht aber die Barmherzigkeit wieder hervor, sie überwindet und behält schließlich den Sieg. So handelt er an mir nach seinem Willen.

Weil der Tod ein Abschied ist von dieser Welt und all ihrem Treiben, ist es nötig, dass der Mensch sein zeitliches Gut ordentlich verteile, wie es sein muss oder wie er es anzuordnen gedenkt, damit nach seinem Tod nicht Ursache für Zank, Hader oder sonst einen Irrtum unter seinen zurückgelassenen Freunden bleibe. Und dies ist ein leiblicher oder äußerlicher Abschied von dieser Welt, und es wird dem Gut Lebewohl und Abschied gegeben.

Man soll auch geistlich Abschied nehmen. Das heißt, man vergebe freundlich, rein um Gottes willen allen Menschen, die uns beleidigt haben, begehre umgekehrt auch allein um Gottes willen Vergebung von allen Menschen, deren wir viele ohne Zweifel beleidigt haben, zumindest mit bösem Exempel oder zu wenig Wohltaten, die wir eigentlich nach dem Gebot brüderlicher christlicher Liebe schuldig gewesen wären, damit die Seele nicht mit irgendeiner Angelegenheit auf Erden behaftet bleibe.

Wenn so jedermann Abschied auf Erden gegeben ist, dann soll man sich allein auf Gott richten, wohin der Weg des Sterbens sich auch kehrt und uns führt. Und hier beginnt die enge Pforte, der schmale Steig zum Leben. Darauf muss sich ein jeder getrost gefasst machen. Denn er ist wohl sehr eng, er ist aber nicht lang. Und es geht hier zu, wie wenn ein Kind aus der kleinen Wohnung in seiner Mutter Leib mit Gefahr und Ängsten geboren wird in diesen weiten Himmel und Erde, das ist unsere Welt: Ebenso geht der Mensch durch die enge Pforte des Todes aus diesem Leben. Und obwohl der Himmel und die Welt, darin wir jetzt leben, als groß und weit angesehen werden, so ist es doch alles gegen den zukünftigen Himmel so viel enger und kleiner, wie es der Mutter Leib gegen diesen Himmel ist. Darum heißt der lieben Heiligen Sterben eine neue Geburt, und ihre Feste nennt man lateinisch Natale, Tag ihrer Geburt. Aber der enge Gang des Todes macht, dass uns dies Leben weit und jenes eng dünkt. Darum muss man das glauben und an der leiblichen Geburt eines Kindes lernen, wie Christus sagt: „Ein Weib, wenn es gebiert, so leidet es Angst. Wenn sie aber genesen ist, so gedenkt sie der Angst nimmer, dieweil ein Mensch geboren ist von ihr in die Welt." So muss man sich auch im Sterben auf die Angst gefasst machen und wissen, dass danach ein großer Raum und Freude sein wird.

Wenn ich auch in dieser Stunde sterben müsste, so würde ich meinen Freunden nichts anderes empfehlen, als dass sie nach meinem Tode aufs Fleißigste Gottes Wort trieben. Denn da wir zuerst nach Gottes Reich trachten müssen, dürfen wir, wenn wir sterben, nicht um unsere Weiber und Kinder sorgen. Das wird eintreten, was folgt: „Es wird Euch alles zufallen." Denn wenn er uns als seine Diener anerkennt, so wird uns Gott nicht verlassen. Wenn er uns nicht verlassen wird, wie wird er die Unsrigen vergessen?

Was ist unser Tod anders denn ein Nachtschlaf? Denn gleichwie durch den Schlaf alle Mattigkeit und Müdigkeit weicht und aufhört, die Kräfte des Geistes aber wiederkommen, dass einer am Morgen frisch aufsteht, wird fein lustig und stark: also werden wir auch am Jüngsten Tage wiederauferstehen, als hätten wir nur eine Nacht geschlafen, und wir werden frisch und stark sein.

Unsere Kirchen wollen wir nicht mehr Klagehäuser oder Leidensstätte sein lassen, sondern – wie es die alten Väter auch genennet – Coemiteria, das heißt, für Schlafhäuser und Ruhestätten halten. Wir singen auch kein Trauerlied noch Leidgesang bei unseren Toten und Gräbern, sondern tröstliche Lieder von Vergebung der Sünden, von Ruhe, Schlaf, Leben und Auferstehung der verstorbenen Christen, damit unser Glaube gestärkt und die Leute zu rechter Andacht gereizt werden.

Jesus Christus

Der Sohn Gottes wandelt jetzt auf Erden, und niemand sieht ihn. Er geht aber als Dürstender, Hungernder, Nackter, als Gast und so weiter. In dieser Gestalt begegnet er der Welt. Die Welt aber ist verstockt und will ihn nicht aufnehmen.

~~~

Du darfst nicht Luthers, sondern musst Christi Schüler sein, und es ist nicht genug, dass Du sagst: Luther, Petrus und Paulus haben das gesagt. Sondern Du musst Christus selbst bei Dir im Gewissen fühlen und unerschütterlich empfinden, dass dies Gottes Wort ist, auch wenn alle Welt das bestreitet. Solange Du dieses Empfinden nicht hast, solange hast Du gewiss Gottes Wort noch nicht geschmeckt, Du hängst mit Deinen Ohren immer noch an Menschenmund und Menschenfeder und hängst nicht mit dem Grund des Herzens am Wort Gottes.

~~~

Das Evangelium ist kein Lehr- oder Gesetzbuch. Darum sollst Du Christi Wort, Werk und Leiden auf zweierlei

Weise auffassen. Einmal als Vorbild, das Dir vor Augen gestellt wird; dem sollst Du folgen und auch so tun, wie St. Petrus sagt: „Christus hat für uns gelitten und hat uns damit ein Vorbild hinterlassen." Ganz wie Du ihn beten, fasten, den Leuten helfen und Liebe erzeigen siehst, so sollst Du auch tun im Blick auf Dich und Deinen Nächsten. Aber das ist das wenigste am Evangelium, wonach es auch noch nicht Evangelium heißen kann. Denn damit ist Christus Dir nichts weiter nutz denn ein anderer Heiliger. Sein Leben bleibt bei ihm und hilft Dir doch nichts, und kurzum: Diese Weise macht keinen Christen, es macht nur Heuchler; es muss noch sehr viel weiter mit Dir kommen. Wiewohl jetzt lange Zeit hindurch dies die allerbeste (und dennoch selten geübte) Predigtweise gewesen ist.

Das Hauptstück und der Grund des Evangeliums ist, dass Du Christus, ehe Du ihn zum Vorbild nimmst, zuvor entgegennehmest und erkennest als eine Gabe und ein Geschenk, das Dir von Gott gegeben und Dein eigen sei. So dass Du, wenn Du ihm zusiehst oder hörst, dass er etwas tut oder leidet, nicht zweifelst, er selbst, Christus, sei mit solchem Tun und Leiden Dein, und darauf könnest Du Dich nicht weniger verlassen, als wenn Du es getan hättest, ja, als wenn Du eben dieser Christus wärest.

Sieh, das heißt das Evangelium recht erkannt, das ist: die überschwängliche Güte Gottes, die kein Prophet, kein Apostel, kein Engel je ganz hat aussagen, kein Herz je genug hat bestaunen und begreifen können. Das ist das große Feuer der Liebe Gottes zu uns, davon wird das Herz und Gewissen froh, sicher und zufrieden; das heißt den christlichen Glauben gepredigt. Davon heißt solche Predigt „Evangelium", das bedeutet auf deutsch soviel wie eine fröhliche, gute, tröstliche Botschaft, nach dieser Botschaft werden die Apostel „zwölf Boten" genannt.

Die Heilige Schrift nennt die Christen das Volk der Heiligen Gottes. Es ist eine Schande, dass man vergisst, dass wir Heilige sind, weil man Christus und die Taufe vergisst. Es ist nämlich so: Diejenigen, die wirklich Sünder sind, wollen es nicht sein; die aber Heilige sind, wollen es auch nicht sein. Die einen glauben dem tröstenden Evangelium nicht, die anderen dem beißenden Gesetz nicht. Sondern sie sagen: „Die Sünden, die wir täglich begehen, beleidigen Gott, deswegen sind wir keine Heiligen." Ich antworte: Die Mutterliebe ist viel stärker als der Dreck und der Schorf am Kind. So ist Gottes Liebe zu uns viel stärker als unser Schmutz. Obwohl wir also Sünder sind, so nimmt uns der Schmutz dennoch nicht die Kindheit weg noch verlieren wir die Gnade wegen der Sünde. Nun wenden manche ein: Wir sündigen immer. Wo aber Sünden sind, da ist kein Heiliger Geist, also sind wir keine Heiligen, da der Geist heiligt. Ich antworte: Die Bibel sagt: „Der Geist wird mich verherrlichen." Also: Wo Christus ist, dort ist auch der Heilige Geist. Von da ab trennen die Sünden Christus nicht mehr von den gläubigen Sündern. Der Christ sagt: „Ich glaube und halte fest an dem, der oben als der Heiland sitzt."

~~~

Ich habe so viele Erfahrungen mit der Göttlichkeit Christi erlebt, dass ich sagen muss: Entweder keiner ist Gott oder er ist es. So habe ich – so Gott will – keine Sorgen, ein Epikuräer zu werden. Ich weiß wohl, was der Name Jesus an mir getan hat, wie es wahrhaft im Psalm heißt: „Er ist der Herr, der aus dem Tode herausführt." Das ist wahr.

~~~

Das weiß ich aber wohl: Wenn Christus selbst oder seine Mutter jetzt etwa krank lägen, da wäre jeder so andächtig, dass er gerne Diener und Helfer sein wollte. Da wäre jeder kühn und keck, niemand wollte fliehen, sondern alle würden sie herlaufen. Und sie hören doch nicht, dass er selbst sagt: „Was ihr den Geringsten tut, das tut ihr mir selbst." Und wo er vom ersten Gebot spricht, sagt er: „Das andere Gebot ist dem gleich: Du sollst Deinen Nächsten lieben wie Dich selbst." Da hörst Du, dass das Gebot der Liebe zum Nächsten dem ersten Gebot gleich sei, der Liebe zu Gott; und was Du Deinem Nächsten gegenüber tust oder unterlässt, soll soviel wie Gott selbst gegenüber getan und unterlassen heißen. Willst Du nun Christus selbst dienen und ihn pflegen, wohlan, so hast Du da vor Dir Deinen kranken Nächsten. Gehe hin zu ihm und diene ihm, so findest Du gewiss Christus an ihm, nicht nach der Person, sondern in seinem Wort. Willst und magst Du aber Deinem Nächsten nicht dienen, so glaube fürwahr: Wenn Christus selbst da wäre, Du tätest auch genauso und ließest ihn liegen. Es ist nichts bei Dir als nur falsche Gedanken, die Dir eine unnütze Einbildung machen, wie Du Christus dienen würdest, wenn er da wäre. Es sind alles Lügen. Denn wer Christus leiblich dienen würde, der dient seinem Nächsten auch gut.

[An jenem Abend war er überschäumend fröhlich, seine Reden, seine Lieder, seine Gedanken kreisten um die Fleischwerdung des Heilands Christus. Unter Seufzen sagte er:] „Ach, wir armen Menschen! Dass wir uns so kalt und faul gegenüber dieser großen Freude verhalten, die uns geschehen ist, die große Wohltat, die weit, weit über alle Werke der Schöpfung hinausgeht. Und wir glauben so schwach, was uns von den Engeln gepredigt und gesungen wird, die doch die himmlischen Theologen sind und sich unserethalben so gefreut haben. Denn Ehre sei Gott in der Höhe – das ist die höchste Verehrung, das wünschen und bringen sie uns in diesem Christus. Wahrhaftig, wer kann das erfassen, wie Gott alles aus dem dürren Erdreich erschafft, manche Blumen, so viele Farben, liebliche Düfte, die kein Maler noch Apotheker schaffen kann. Und immer noch kann Gott grüne, gelbe, rote, blaue, violette Farben aus der Erde hervorbringen. Dies alles war für Adam und die Seinen zum Lob Gottes gegeben und sie sollten mit Dankbarkeit von allen Kreaturen Nutzen ziehen, sie aber gebrauchten alles gedankenlos zum Übel, wie Kühe und Rindvieh traten sie die schönsten Blumen und Lilien mit Füßen. Darum rufen die Engel die gefallenen Menschen zu Christus zurück, zum Glauben, zur Liebe – zur Ehre und zum Frieden auf Erden.

~~~~

Der Glaube vereinigt auch die Seele mit Christus als eine Braut mit ihrem Bräutigam. Aus dieser Ehe folgt, wie St. Paulus sagt, dass Christus und die Seele ein Leib werden. So werden auch beider Güter, Glück, Unglück und alle Dinge gemeinsam; das, was Christus hat, das ist der gläubigen Seele zu eigen; was die Seele hat, wird Christus zu eigen. So hat Christus alle Güter und Seligkeit; die sind auch der Seele zu eigen. So hat die Seele alle Untugend und Sünde auf sich; die werden Christus zu eigen. Hier erhebt sich nun der fröhliche Wechsel und Streit. Weil Christus Gott und Mensch ist, der noch nie gesündigt hat, und seine Frommheit unüberwindlich, ewig und allmächtig ist, so macht er denn die Sünde der gläubigen Seele durch ihren Brautring – das ist der Glaube – sich selbst zu eigen und tut nichts anderes, als hätte er sie getan. So müssen die Sünden in ihm verschlungen und ersäuft werden; denn seine unüberwindliche Gerechtigkeit ist allen Sünden zu stark. So wird die Seele von allen ihren Sünden durch ihren Brautschatz geläutert, das heißt: des Glaubens wegen ledig und frei und begabt mit der ewigen Gerechtigkeit ihres Bräutigams Christus. Ist nun das nicht eine fröhliche Wirtschaft, wo der reiche, edle, fromme Bräutigam Christus das arme, verachtete, böse Hürlein zur Ehe nimmt und sie von allem Übel entledigt, ziert mit allen Gütern? So ist es nicht möglich, dass die Sünden sie verdammen; denn sie liegen nun auf Christus und sind in ihn hinein verschlungen. So hat sie eine so reiche Gerechtigkeit von ihrem Bräutigam, dass sie abermals gegen alle Sünde bestehen kann – und wenn sie ihr schon auflägen. Davon sagt Paulus: „Gott sei Lob und Dank, der uns eine solche Überwindung in Christus Jesus gegeben hat, in der der Tod samt der Sünde verschlungen ist."

Es liegt alles an den Worten dieses Sakraments (des Abendmahls), die Christus sagt. Man sollte sie wahrlich mit Gold und lauter Edelgestein fassen und nichts fleißiger vor den Augen des Herzens haben, um den Glauben daran zu üben. Lass einen ändern beten, fasten, beichten, sich zur Messe und zum Sakrament bereiten, wie er will. Tu Du desgleichen, sofern Du nur weißt, dass alles das lauter Narrenwerk und Trügerei ist, wenn Du die Worte des Testaments Dir nicht vornimmst und den Glauben und die Begierde danach erweckst. Du müsstest lange die Schuhe wischen, schmeicheln und Dich herausputzen, um ein Testament zu erlangen, wenn nicht Brief und Siegel auf Dich ausgestellt sind, mit denen Du Dein Recht auf das Testament beweisen kannst. Hast Du aber Brief und Siegel und glaubst, begehrst und suchst Du es, so muss es Dir zuteil werden, auch wenn Du aussätzig, räudig, stinkend und unrein wärest. Willst Du also das Sakrament und das Testament würdig empfangen, sieh zu, dass Du diese lebendigen Worte Christi vorbringst, auf sie Dich baust mit starkem Glauben und begehrst, was Dir Christus in ihnen zugesagt hat, so wird es Dir zuteil, so bist Du seiner würdig und bist wohl bereitet. Dieser Glaube und diese Zuversicht muss und wird Dich fröhlich machen und eine freie Liebe zu Christus erwecken, durch den Du dann ein recht gutes Leben mit Lust zu führen und die Sünde von Herzen zu meiden beginnst. Denn wer Christus liebt, wird wohl tun, was ihm gefällt, und lassen, was ihm nicht gefällt.

Glauben

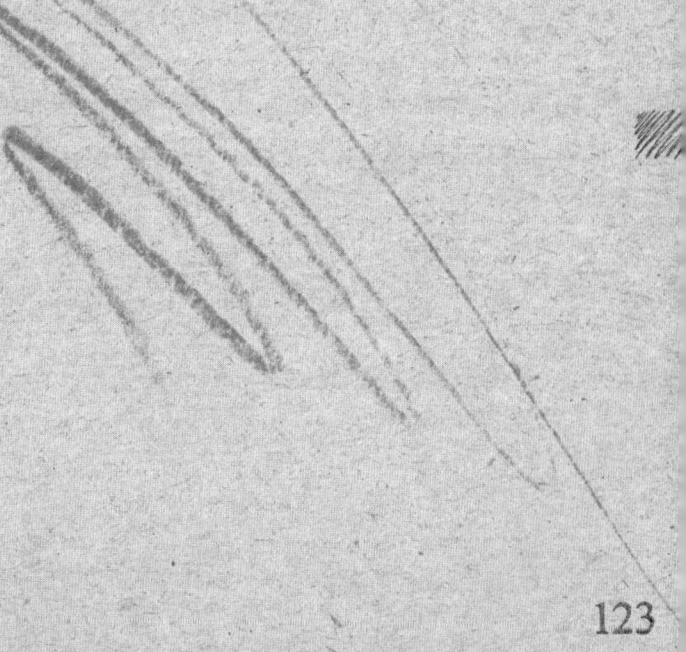

Der Glaube ist der Schöpfer der Gottheit, freilich nicht in Person, sondern in uns. Außerhalb des Glaubens büßt Gott seine Gerechtigkeit, seine Herrlichkeit, seinen Reichtum und so weiter ein. Nichts an Majestät und Göttlichkeit ist da, wo kein Glaube ist. Daran siehst Du, wie bedeutend die Gerechtigkeit im Glauben ist.

Umgekehrt verlangt Gott nichts anderes, als dass ich ihn zum Gott mache. Bekommt er so seine Gottheit als reine, unverletzte, dann hat er alles, was ich ihm erweisen kann. Das ist die Weisheit aller Weisheiten, die Religion über alle Religionen. Das ist die höchste Majestät, die der Glaube Gott zuteilt. Deswegen macht der Glaube einen Menschen gerecht; denn er stattet Gott ab, was er schuldet, und wer das tut, der ist gerecht.

※

Der Glaube hat es mit Sachen zu tun, die man nicht sieht. Damit der Glaube wirklich Raum hat, muss alles, was geglaubt wird, verborgen sein. Es ist aber nicht tiefer verborgen als unter gegensätzlichem Wahrnehmen, Empfinden, Erfahren. Wenn Gott lebendig macht, tut er das dadurch, dass er tötet; wenn er rechtfertigt, tut er dies dadurch, dass er schuldig macht; wenn er zum Himmel emporhebt, tut er es dadurch, dass er zur Hölle führt.

/////

Es ist unmöglich, dass ein Herz sich Gottes erfreuen kann, das nicht vorher an ihn glaube. Wo kein Glaube ist, da ist lauter Furcht, Angst, Scheu und Traurigkeit, sobald auch nur an Gott gedacht oder er genannt wird. Sogar Hass und Feindschaft lebt in solchen Herzen. Der Grund dafür ist, dass das Herz sich in seinem Gewissen schuldig fühlt und nicht zuversichtlich darauf traut, dass Gott ihm gnädig und günstig sei. Denn es weiß, dass Gott der Sünde feind ist und sie bitter bestraft.

/////

Glaube ist nicht die menschliche Phantasie und der Traum, den etliche für den Glauben halten. Wenn sie sehen, dass das Leben nicht besser wird und keine guten Taten folgen, sie aber trotzdem viel vom Glauben hören und reden, verfallen sie in den Irrtum und sagen: Der

Glaube ist nicht genug, man muss gute Taten tun, wenn man fromm und selig werden will. Wenn sie nun das Evangelium hören, so schaffen sie sich aus eigenen Kräften den Gedanken im Herzen, der von sich sagt: Ich glaube. Das halten sie nun für einen rechten Glauben. Aber das ist eine menschliche Schöpfung und ein Gedanke, den der Grund des Herzens nicht erfährt. Also tut der Mensch auch nichts und daraus folgt keine Besserung. Aber Glaube ist ein göttliches Werk in uns, das uns wandelt und neu aus Gott gebiert. Glaube ist eine lebendige, mutige Zuversicht auf Gottes Gnade. Diese Zuversicht und Erkenntnis göttlicher Gnade macht fest und fröhlich gegenüber Gott und allen Kreaturen – und das bewirkt der Heilige Geist im Glauben. Es ist dann unmöglich, Glauben und Tun voneinander zu trennen – das ist so unmöglich, als wolle man Brennen und Leuchten vom Feuer trennen.

Das Säckchen des Glaubens habe zwei Beutelchen: In dem einen Beutelchen stecke das Stück, dass wir glauben, wie wir durch Adams Sünde allzumal verderbt, Sünder und Verdammte sind. In dem andern stecke das

Stückchen, dass wir alle durch Jesus Christ von diesem verderbten, sündlichen, verdammten Wesen erlöst sind. Das Säckchen der Liebe habe auch zwei Beutelchen: In dem einen stecke dieses Stück, dass wir jedermann dienen und wohltun sollen, wie Christus uns getan hat. In dem anderen stecke das Stückchen, dass wir alles Böse gern erleiden und dulden sollen.

Hoffnung lebt in allen Dingen. Alles, was auf der Welt geschieht, geschieht in Hoffnung. Kein Bauer sät auch nur einen Samen, ohne dass er Hoffnung in das Gesäte setzt. Kein junger Mann freit eine Gattin ohne die Hoffnung auf Nachkommen. Kein Verkäufer oder Kaufmann müht sich ab ohne auf Waren und Gewinn zu hoffen. Um wie viel mehr treibt uns die Hoffnung auf das Ewige Leben an.

Denn wie wir glauben, so wird uns geschehen, wie Christus sagt (Matthäus 21, 21). Was hülfe es, dass Du Dir vorstellst und glaubst, der Tod, die Sünde, die Hölle der anderen seien in Christus überwunden, wenn Du nicht auch glaubst, dass Dein Tod, Deine Sünde, Deine Hölle Dir da überwunden und vertilgt seien und Du ebenso erlöst bist. Dann wäre das Sakrament (des Abendmahls) völlig umsonst, weil Du die Dinge nicht glaubst, die Dir dort gezeigt, gegeben und versprochen werden. Das aber ist die grauenhafteste Sünde, die geschehen kann, durch die Gott selber in seinem Wort, Zeichen und Werk für einen Lügner geachtet wird, der etwas rede, zeige, zusage, was er nicht meine noch halten wolle. Deshalb ist mit den Sakramenten nicht zu scherzen. Es muss der Glaube da sein, der sich auf sie verlasse und es getrost wage auf solche Gotteszeichen und Zusagen hin. Was wäre das für ein Seligmacher oder Gott, der uns nicht von Tod, Sünde, Hölle selig machen könnte oder wollte? Es muss groß sein, was der rechte Gott zusagt und wirkt.

Denn man muss wissen, wie man mit Gott daran sei, soll anders das Gewissen fröhlich sein und bestehen. Wenn jemand zweifelt und nicht daran festhält, dass er einen gnädigen Gott hat, der hat ihn auch nicht. Wie er glaubt, so hat er.

Wenn ein Mann oder Weib sich zuversichtlich vom anderen Liebe und Wohlgefallen erhofft und dies fest glaubt, wer lehrt diesen dann, wie er sich einstellen soll, was er tun, lassen, sagen, schweigen, bedenken soll? Einzig die Zuversicht lehrt ihn das alles und mehr, als notwendig ist. Da gibt's für ihn keinen Unterschied in den Werken; er tut das Große, Lange, Viele so gern wie das Kleine, Kurze, Wenige und umgekehrt. Dazu tut er's mit fröhlichem, friedlichem, sicherem Herzen und ist dabei ein ganz freier Geselle. Wo aber ein Zweifel da ist, da sucht man, was wohl am besten sei. Da fängt man an, sich Unterschiede der Werke auszumalen, mit denen er Huld erwerben könnte, und er geht dennoch mit schwerem Herzen und mit großer Unlust daran und ist gleich davon gefangen, mehr als halb verzweifelt und wird oft zum Narren darüber.

So auch ein Christenmensch, der in dieser Zuversicht zu Gott lebt, weiß alle Dinge, vermag alle Dinge, greift in allen Dingen kühn an, was zu tun ist, und tut alles fröhlich und frei, nicht um viele gute Verdienste und Werke zu sammeln, sondern weil es ihm eine Lust ist,

Gott damit wohlzugefallen, und dient Gott lauter und uneigennützig: Es ist ihm genug, dass es Gott gefällt.

Umgekehrt, wer mit Gott nicht eins ist oder daran zweifelt, der fängt an, sucht und sorgt, wie er doch noch genugtun und Gott mit vielen Werken bewegen wolle. Er läuft nach St. Jakob, nach Rom, nach Jerusalem, hierhin und dahin, betet die St.-Brigitten-Gebete und dies und das, fastet an dem und an diesem Tag, beichtet hier, beichtet da, fragt diesen und jenen und findet doch keine Ruhe und tut das alles unter großer Beschwer, Verzweiflung und Unlust des Herzens, so dass auch die Schrift solche guten Werke auf hebräisch nennt „awehn und amal", auf deutsch „Mühe und Arbeit".

Weil denn das menschliche Wesen seiner Natur nach keinen Augenblick ohne Tun oder Lassen, Leiden oder Fliehen sein kann (denn das Leben ruht nie, wie wir sehen): Wohlan, so fange an, wer fromm sein und voll guter Werke werden will, und übe sich selber in allem Leben und Wirken zu allen Zeiten in diesem Glauben und lerne beständig alles in solcher Zuversicht tun und lassen. Der wird dann finden, wie viel er zu tun hat und dass es in allen Dingen völlig am Glauben liegt und er nie müßig werden kann, weil auch der Müßiggang als ein Werk der Glaubensübung geschehen muss, und kurzum nichts in uns und an uns sein oder uns zufallen kann: Wenn wir glauben (wie wir sollen), es gefalle dies alles Gott, dann muss es gut sein und verdienstlich. So sagt St. Paulus: „Liebe Brüder, alles, was ihr tut, ihr esset oder trinket, tut es alles in dem Namen Jesu Christi, unsres Herrn." Nun kann es nicht in diesem Namen geschehen, wenn es nicht in solchem Glauben geschieht. Und so sagt er auch: „Wir wissen, dass alle Dinge den Heiligen Gottes zum besten mitwirken."

Darum kommt die Redensart, dass etliche sagen, wenn wir allein den Glauben predigen, seien gute Werke verboten, auf das gleiche hinaus, wie wenn ich zu einem Kranken spräche: Besäßest Du Deine Gesundheit, dann hättest Du auch alle Glieder in ihrem Gebrauch; ohne sie führt der Gebrauch aller Glieder zu nichts; und er daraus entnehmen wollte, ich hätte den Gebrauch der Glieder verboten; wo ich doch meinte: Die Gesundheit muss zuvor dasein und sich im Gebrauch aller Glieder auswirken. Ebenso muss auch der Glaube Werkmeister und Hauptmann sein in allen Werken, oder sie sind zu gar nichts zu gebrauchen.

Politik

Es sind nicht Bauern, liebe Herren, die sich gegen Euch stellen: Gott ist's selbst, der sich gegen Euch stellt, Eure Wüterei heimzusuchen...[und er mahnt]: „Fangt nicht Streit mit ihnen an... Versucht's zuvor gütlich... Verliert ihr doch mit der Güte nichts. Und wenn ihr etwas daran verlöret, kann es Euch hernach im Frieden zehnfältig wieder werden, während ihr mit Streit vielleicht Leib und Gut verliert. Warum wollt ihr Euch in die Gefahr begeben, wenn ihr wohl auf andre Weise mehr Nutzen schaffen möchtet.

So soll nun die Obrigkeit getrost fortfahren und mit gutem Gewissen dreinschlagen, solange sie einen Arm regen kann. Denn hier ist der Vorteil, dass die Bauern böse Gewissen und unrechte Ursachen haben, und dass der Bauer, welcher darüber erschlagen wird, mit Leib und Seele verloren und ewig des Teufels ist. Aber die Obrigkeit hat ein gutes Gewissen und rechte Ursachen und kann zu Gott mit aller Sicherheit des Herzens so sagen: Siehe, mein Gott, Du hast mich zum Fürsten oder Herrn gesetzt, daran ich nicht zweifeln kann. Und hast mir das Schwert über alle Übeltäter befohlen.

mm

Denn das ist die Summa Summarum davon: das Amt des Schwertes ist an sich selbst recht und eine göttliche, nützliche Ordnung, welche er nicht verachtet, sondern gefürchtet, geehrt und der er gehorcht haben will… Denn er hat unter den Menschen zweierlei Regiment aufgerichtet. Eins geistlich durchs Wort und ohne Schwert, dadurch die Menschen fromm und gerecht werden sollen, so dass sie mit dieser Gerechtigkeit das ewige Leben erlangen… Das andere ist ein weltliches Regiment durchs Schwert, auf dass diejenigen, die durchs Wort nicht zum Ewigen Leben fromm und gerecht werden wollen, dennoch durch solch weltliches Regiment genötigt werden, fromm und gerecht zu sein vor der Welt. Und solche Gerechtigkeit handhab er durchs Schwert.

Predigen

Ein Prediger soll Zähne im Maul haben, beißen und salzen und jedermann die Wahrheit sagen. Denn so tut Gottes Wort, dass es die ganze Welt antastet, Herrn und Fürsten und jedermann ins Maul greift, donnert und blitzt und stürmt gegen große, mächtige Berge, schlägt drein, dass es raucht, und zerschmettert alles, was groß, stolz und ungehorsam ist.

⁂

Es ist die allerbeste Weise zu lehren, wenn man zum Wort Exempel oder Beispiele gibt; denn die bewirken, dass man die Rede klarer versteht, auch viel leichter behält. Sonst, wenn die Rede ohne Exempel gehört wird, wie gerecht und gut sie immer sein mag, so bewegt sie doch das Herz nicht so sehr, ist auch nicht so klar und nicht so fest zu behalten. Darum ist es ein sehr köstliches Ding um die Geschichte. Denn was die Philosophen, weise Leute und die ganze Vernunft lehren oder erdenken können, was zum ehrlichen Leben nützlich ist, das gibt die Geschichte mit Exempeln und Geschichten gewaltig und stellt es gleich so vor die Augen, als wäre man dabei und sähe es alles so geschehen, was sonst die Worte durch die Lehre in die Ohren getragen haben. Da findet man beides: wie die getan, gelassen, gelebt haben, die fromm und weise gewesen sind, und wie es ihnen ergangen ist oder wie sie belohnt worden sind, aber andererseits auch, wie die gelebt haben, die böse und unverständig gewesen sind, und wie sie dafür bezahlt worden sind.

Wenn man gründlich darüber nachsinnt, so sind aus den Historien und Geschichten fast alle Rechte, Kunst, guter Rat, Warnung, Drohung, Schrecken, Trösten, Stärken, Unterricht, Vorsichtigkeit, Weisheit, Klugheit mit allen Tugenden wie aus einem lebendigen Brunnen gequollen. Das kommt daher: Die Historien sind nichts anderes als Anzeigen, Gedächtnis und Hinweis göttlicher Werke und Urteile, wie er die Welt, besonders die Menschen, erhält, regiert, hindert, fördert, straft und ehrt, je nachdem ein jeder verdient, Böses oder Gutes. Und wenn es auch viele sind, die Gott nicht erkennen noch achten, so müssen sie doch an den Exempeln und Geschichten stutzig werden und befürchten, dass es ihnen nicht auch so gehe wie dem und dem, wie sie durch die Geschichte vor Augen gerückt werden. Dadurch werden sie stärker bewegt, als wenn man sie nur mit bloßen Worten des Rechts oder der Lehre abhält und ihnen damit wehrt. So lesen wir denn nicht allein in der Heiligen Schrift, sondern auch in den heidnischen Büchern, wie sie Exempel, Worte und Werke der Vorfahren anführen und vor Augen halten.

Denn St. Paulus teilt das Predigeramt in zwei Stücke, nämlich zur Lehre und Ermahnung. Lehre ist, wenn man predigt, was unbekannt ist, damit die Leute wissend oder verständig werden. Ermahnen ist, wenn man reizt und anhält zu dem, was jeder schon gut weiß. Beides muss ein Prediger tun, darum übt Paulus sie auch beide aus. Und damit die Ermahnung desto stärker wirke und lieblich eingehe, gebraucht er viele hübsche, geblümte Worte und macht eine feine, buntfarbene Rede, nennt den Schlaf Finsternis, Licht Aufwachen, Wappen Werke, Tag und Nacht – das sind lauter geblümte Worte, durch welche etwas anderes verstanden wird, als ihre Art und Natur vorgibt.

Wenn ihr predigen wollt, dann redet mit Gott und sprecht: Lieber Herr Gott, ich will Dir zu Ehren predigen.

Ich will von Dir reden, Dich loben, Deinen Namen preisen. Und wenn ich es nicht wohl und gut machen kann, mache Du es gut. Und seht weder Melanchthon noch mich noch einen anderen Gelehrten an und denkt dabei, ihr wäret der Gelehrteste, wenn ihr auf der Kanzel redet.

~~~

[Auf die Frage, ob Luther nicht eine kurze Weise zu predigen lehren könne, antwortete er:] Zuerst müsst ihr auf die Kanzel steigen lernen. Dann müsst ihr lernen, eine kurze Zeit auf ihr zu verharren. Drittens lernt auch wieder heruntersteigen.

[Weil er diesen Worten nichts hinzufügte, war der Frager (Cordatus mit Namen) zunächst verärgert, doch dann dachte er, das sei gut getroffen. Und wer dieser Ordnung folgt, könnte ein guter Prediger sein. Erst muss er lernen hinaufzusteigen – das heißt: dass er eine richtige und göttliche Berufung dazu haben soll. Zum zweiten, dass er eine Zeit lang darauf bleiben solle, das heißt, dass er eine reine und aufrichtige Lehre verkündet. Zum dritten, dass er lerne, wieder herabzusteigen, das heißt, dass er über die Stunde hinaus predigt. Was manchem der Zuhörer missfiel.]

Aus all dem lernen wir, dass es nicht genug gepredigt ist, wenn man Christi Leben und Werk obenhin und nur als eine Historie und Chronikengeschichte predigt, geschweige denn, dass man überhaupt nicht von ihm redet und das geistliche Recht oder andere Menschengesetze und -lehre predigt. Ihrer sind auch viele, die Christus so predigen und lesen, dass sie Mitleid mit ihm haben, mit den Juden zürnen oder andere kindische Weise darin üben. Aber er soll und muss so gepredigt sein, dass mir und Dir der Glaube daraus erwächst und erhalten wird. Dieser Glaube erwächst und wird erhalten dadurch, dass mir gesagt wird, warum Christus gekommen ist, wie man ihn gebrauchen und genießen soll, was er mir gebracht und gegeben hat. Das geschieht, wenn man die christliche Freiheit recht auslegt, die wir von ihm haben, und wie wir Könige und Priester sind, aller Dinge mächtig; und dass alles, was wir tun, vor Gottes Augen angenehm und erhört ist, wie ich bisher gesagt habe. Denn wenn ein Herz so Christus hört, das muss von Grund fröhlich werden, Trost empfangen und gegen Christus süß werden, ihn wiederum liebzuhaben.

Krieg und Frieden

Aufsteigenden Zorn soll man nicht unterdrücken, sondern ausbrechen lassen und nicht erst noch Wohltaten und Vertrauen an einen Menschen verschwenden, gegen den man aufgebracht ist. Umgekehrt aber soll man dem ersten Anstoß zur Versöhnung folgen und nicht weiter die Rache verfolgen. Schließlich muss man sich ja doch vertragen. Die Auseinandersetzungen können nicht ewig dauern, sonst mangelt es dem Acker an Lebensmitteln. Was also sollen wir (auf Betreiben des Teufels hin) weiter in Raserei verfallen? Zuletzt muss man sich doch mit Schaden versöhnen und als Freunde voneinander ziehen und sich scheiden.

~~~~

Es heißt: „Selig sind die Friedfertigen", so dass, wer ein Christ und Gottes Kind sein will, nicht allein keinen Krieg und Unfrieden anfange, sondern zum Frieden helfe und rate, wo immer er kann, ob auch Recht und Ursachen genug wären, Krieg zu führen; es ist genug, wenn man alles versucht und nichts helfen will, dass man zur Notwehr greifen muss, Land und Leute zu schützen.

Wenn ich das Kriegsamt betrachte, wie es die Bösen straft, die Ungerechten würgt und solchen Jammer anrichtet: Da scheint es ein ganz unchristliches Werk zu sein und durchaus wider die christliche Liebe. Betrachte ich es aber, wie es die Rechtschaffenen schützt, Weib und Kind, Haus und Hof, Gut und Ehre, und dadurch den Frieden erhält und bewahrt, so findet sich's, wie köstlich und göttlich das Werk ist, und ich erkenne, dass es auch ein Bein oder eine Hand abhaut, auf dass der ganze Leib nicht vergehe. Denn wenn das Schwert nicht wehrte und den Frieden erhielte, so müsste alles durch Unfrieden verderben, was in der Welt ist. Deshalb ist ein solcher Krieg nichts anderes als ein kleiner, kurzer Unfrieden, der einem ewigen, unermesslichen Unfrieden wehrt; ein kleines Unglück, das einem großen Unglück wehrt. Dass man nun viel schreibt und sagt, was für eine große Plage ein Krieg sei, das ist alles wahr. Aber man sollte daneben auch betrachten, wievielmal größer die Plage ist, der man durch Kriegführen wehrt. Ja, wenn die Leute rechtschaffen wären und gern Frieden hielten, so wäre Kriegführen die größte Plage auf Erden. Wohin rechnest Du aber ein, dass die Welt böse ist, die Leute nicht Frieden halten wollen, rauben, stehlen, töten, Weib und Kind schänden, Ehre und Gut nehmen? Solchem allgemeinen Unfrieden in aller Welt, vor dem kein Mensch bestehen könnte, muss der kleine Unfrieden, der da Krieg und Schwert heißt, steuern. Darum ehrt Gott auch das Schwert so hoch, dass er es seine eigene Ordnung nennt, und will nicht, dass man sagen oder wähnen sollte, Menschen hätten es erfunden oder eingesetzt.

Denn das möchte ich vor allen Dingen zuvor gesagt haben: Wer Krieg anfängt, der ist im Unrecht. Und es ist billig, dass derjenige geschlagen oder doch zuletzt bestraft werde, der zuerst das Messer zückt. Wie es denn auch in allen Historien gemeinhin geschehen und zugegangen ist, dass diejenigen verloren haben, die den Krieg angefangen haben, und sehr selten diejenigen geschlagen worden sind, die sich haben wehren müssen. Denn weltliche Obrigkeit ist von Gott nicht dazu eingesetzt, dass sie Frieden brechen und Kriege anfangen soll, sondern dazu, dass sie den Frieden bewirke und den Kriegführenden wehre; wie Paulus Römer 13,4 sagt, das Amt des Schwertes sei es, zu schützen und zu strafen – zu schützen die Rechtschaffenen in Frieden und zu strafen die Bösen durch Krieg. Und Gott, der Unrecht nicht duldet, fügt es auch so, dass die Kriegführenden bekriegt werden müssen. Und wie das Sprichwort lautet: Es ist nie einer so böse gewesen, er fand noch einen Böseren; so lässt auch Gott von sich singen Psalm 68,31: „Der Herr zerstreut die Völker, die Lust haben, Krieg zu führen." Davor hüte Dich! Der lügt nicht. Und lasse Dir das gesagt sein, dass Du Wollen und Müssen, Lust und Notwendigkeit weit, weit voneinander scheidest. Lass Dich ja nicht Lust zum Kriegführen und Kämpfenwollen ankommen, und wärest Du gleich der türkische Kaiser! Harre aus, bis Notwendigkeit und Müssen eintritt, ohne Lust und Wollen! Du wirst trotzdem noch genug zu schaffen haben und des Kriegführens genug kriegen, auf dass Du sagen möchtest und Dein Herz sich rühmen kann: Wohlan, wie gern wollte ich doch Frieden haben, wenn meine Nachbarn wollten! So kannst Du Dich mit gutem Gewissen wehren. Denn da steht Gottes Wort: „Er zerstreuet, die Lust haben, Krieg zu führen."

~~~

Es ist Deine Gabe, dass alle Tiere, sowohl Menschen und Vieh, morgens früh in gutem Frieden aufstehen, und ein jegliches fröhlich dahingeht nach seiner Nahrung und zu seiner Arbeit. Da singen die Vögel, da blökt das Vieh, Knecht und Magd gehen zu Felde mit einem Liedlein; desgleichen kommt zum Abend alles wieder heim mit Singen und Blöken. Denn wo Friede und gute Zeit ist, da singt alles und ist fröhlich, und stehen Berg und Tal lustig. Das ist ein großer Segen und Gabe Gottes, der solche Freude gibt, denn zur Kriegszeit und anderer böser Zeit kann niemand solche Freude geben noch haben.

Weil es mir nicht gebührt zu kriegen noch zum Krieg zu raten oder zu reizen als einem Prediger im geistlichen Amt, sondern vielmehr vom Krieg zum Frieden zu raten, wie ich es auch bisher aufs Fleißigste getan habe, was mir alle Welt bezeugen muss, wohingegen unsere Feinde nicht Frieden, sondern Krieg haben wollten – kommt es denn dazu, dass ein Krieg angeht, so will ich wahrlich meine Feder auch stillhalten und schweigen und gehenlassen, was da geht, und sollte gleich kein Bischof noch Pfaffe noch Mönch übrigbleiben und ich selbst auch mit untergehen … Ich will und kann mich vor solchen kümmerlichen Gottesfeinden nicht fürchten. Ihr Trotz ist mein Stolz, ihr Zürnen ist mein Lachen. Sie können mir nicht mehr als einen Sack voll sieches Fleisch nehmen.

~~~

Wenn es sich begibt, dass zwei Ziegen einander auf einem schmalen Steg begegnen, der über ein Wasser führt – was tun sie? Sie können nicht zurück, sie können nicht nebeneinander gehen, der Steg ist zu eng. Sollen sie einander stoßen, fallen beide ins Wasser und ertrinken. Was tun sie nun? Die Natur hat ihnen gegeben, dass eine sich niederlegt und lässt die andere über sich steigen; so bleiben beide unverletzt. Also sollte ein Mensch sich auch einem anderen gegenüber verhalten und ihn mit Füßen über sich laufen lassen, ehe er sich mit dem anderen zankt, mit ihm hadert oder ihn bekriegt.

Trost

Durch meine Erfahrung belehrt kann ich sagen, wie Du Dein Herz in Anfechtungen aufrichten kannst. Wenn Du durch Traurigkeit oder Verzweiflung oder einen anderen Schmerz des Gewissens versucht wirst, dann iss, trink, suche Unterredung; und wenn Du Dich aufheitern kannst, indem Du an ein Mädchen denkst, dann tu's.

≈≈≈

In jeder Anfechtung soll man darauf achten, dass man dem Nachdenken nicht zu viel Raum gebe. Wenn man dies tut, folgt sicher ein Fall und eine Sünde, weil: Wenn die Schlange den Kopf in ein Loch steckt, da kriecht sie sicher auch mit dem Körper hinein. Da nützt kein Wehren. Also heißt es: Widerstehe den Anfängen. Und der Apostel mahnt: „Widersteht dem Teufel!" In schweren Anfechtungen ist es deshalb wahr: Wir müssen von der Sünde erschreckt werden, aber nicht im Schrecken verharren, sondern sollen uns wieder zur Gnade wenden. Nach beiden Seiten schadet die Übertreibung. Aus großer Freude entsteht Sicherheit, aus großem Schrecken die Verzweiflung – beides hat doch unser Gott verboten und mit der höchsten Strafe bedroht. Man soll an ihm nicht verzweifeln noch seiner zu sicher sein.

*****

Die Sünde wächst auch und wird groß dadurch, dass man sie zu viel betrachtet und zu tief bedenkt. Dazu trägt die Schwachheit unseres Gewissens bei, das sich selbst vor Gott schämt und greulich straft. Da hat der Teufel nämlich ein Schwitzbad gefunden, das er gesucht hat. Da treibt er voran, da macht er die Sünde so wichtig und groß, da wird er ihm alle die vor Augen halten, die gesündigt haben, und wie viele mit weniger Sünden verdammt sind, so dass der Mensch darüber verzagen muss oder unwillig werden zu sterben und so Gottes vergessen und ungehorsam erfunden bleiben bis in den Tod, besonders weil der Mensch meint, er müsse allein die Sünde betrachten, und empfindet es als recht und nützlich, dass er sich mit ihr beschäftigt. So findet er sich denn unvorbereitet und ungeeignet, so sehr, dass auch alle seine guten Werke zu Sünden geworden sind.

Aus dem muss dann ein unwilliges Sterben folgen, Ungehorsam gegen Gottes Willen und ewige Verdammnis. Denn die Sünde betrachten hat dort weder Recht noch Zeit, das soll man in der Zeit des Lebens tun. So verkehrt uns der böse Geist alle Dinge: Im Leben, da wir sollten des Todes, der Sünde, der Hölle Bild stets vor Augen haben – wie in Psalm 51,5 steht: „Meine Sünden sind mir allezeit vor Augen"–, verschließt er uns die Augen und verbirgt diese Bilder. Im Tode, da wir nur Leben, Gnade und Seligkeit vor Augen haben sollten, öffnet er uns dann allererst die Augen und ängstet uns mit den unzeitigen Bildern, damit wir die rechten Bilder nicht sehen sollen.

Wenn einer aber das Gute, das er hat, mit dem Schlechten vergleiche, das er nicht hat, der würde endlich erkennen, was für einen großen Schatz an Gütern er hat. Wer gesunde und heile Augen hat, der preist es nicht und freut sich nicht über diese Gabe Gottes; wenn sie ihm aber genommen würde, sieh, um welch großen Schatz er sie zurückkaufen wollte. So ist es mit der Gesundheit, so mit allen Dingen. Gäbe mir Gott die Beredsamkeit eines Cicero, die Macht eines Cäsar oder die Weisheit eines Salomo, so wäre ich dennoch nicht zufrieden, weil wir immer das haben wollen, was nicht ist, und das gering achten, was da ist: Ist keine Frau da, sucht man sie, hat man eine, ist man sie leid. Überhaupt sind wir dem Quecksilber ähnlich, das niemals stillsteht. So unbeständig ist das menschliche Herz. Also: Was einer heute hat, das will er morgen noch mehr haben. Denn das bedeutet jene unruhige und unersättliche Begierde und Eitelkeit des menschlichen Herzens, dass es mit den vorhandenen Dingen nicht gesättigt werden kann, mit welchen auch immer.

~~~

Willst Du die großen, grauenhaften und schädlichen Feinde überwinden lernen, die einen Menschen wohl verschlingen und an Leib und Seele schaden können, wofür mancher wohl sich allerlei Waffen kaufen und alles Geld darum geben sollte, um diese Kunst zu erlernen? Es ist ein süßes, liebliches Kräutlein, das heißt Geduld. Wie man zu dieser Arznei kommen kann? Ich antworte: Nimm Dir den Glauben vor, dass niemand Dir ohne den Willen Gottes schaden kann. Geschieht es, so geschieht es aus dem freundlichen, gnädigen Willen Gottes, das heißt: Der Feind fügt Gott 100-mal größeren Schaden zu als Dir. Daraus erwächst die Liebe, die spricht: Ich will ihm Gutes tun für das Böse, will feurige Kohlen auf sein Haupt sammeln. Das sind die Waffen, mit denen man die Feinde überwindet, die wie riesige Berge scheinen, die nicht zu stürzen oder mit Eisen und Stahl zu überwinden sind.

Ich vermute, dass die Nachricht zu Dir gelangt ist, dass Magdalene, meine von Herzen geliebte Tochter, wiedergeboren ist zum ewigen Reich Christi. Und obwohl ich und meine Frau nur fröhlich Dank sagen sollten für ihren so glücklichen Heimgang und ihr seliges Ende, durch das sie der Macht des Fleisches, der Welt, des Türken und des Teufels entgangen ist, so ist doch die Macht der natürlichen Liebe so groß, dass wir es ohne Schluchzen und Seufzen des Herzens, ja, ohne große Abtötung nicht vermögen. Es haften doch tief im Herzen ihr Anblick, die Worte und Gebärden der lebenden und sterbenden, ganz gehorsamen und rücksichtsvollen Tochter, dass nicht einmal Christi Tod (und was sind alle Tode der Menschen verglichen mit seinem Tod?) dies ganz vertreiben kann, wie es doch sein sollte. Sage Du darum Gott Dank an unserer Statt. Denn wahrlich, er hat ein großes Werk der Gnade an uns getan, dass er unser Fleisch so verherrlicht hat. Sie war (wie Du weißt) von sanftem und freundlichem Wesen und allen lieb. Gelobt sei der Herr Jesus Christus, der sie berufen hat, erwählt und verherrlicht. Würde doch mir und allen den Meinen und all den Unseren ein solcher Tod oder vielmehr ein solches Leben zuteil; das allein erbitte ich von Gott, dem Vater allen Trostes und aller Barmherzigkeit. In ihm lebe recht wohl mit Deiner ganzen Familie, Amen.

Mir ist von guten Freunden angezeigt, wie Euch der böse Feind hart anficht mit Überdruss des Lebens und Begierde des Todes. O mein lieber Freund, hier ist's hohe Zeit, dass Ihr Euren Gedanken ja nicht traut noch folgt, sondern höret andere Leute, die solcher Anfechtung frei sind. Ja, bindet Eure Ohren fest an unsern Mund und lasst unser Wort in Euer Herz gehen, so wird Gott durch unser Wort Euch trösten und stärken.

Es war unserm Herrn Christus das Leben auch sauer und bitter, doch wollte er nicht sterben ohne seines Vaters Willen und floh den Tod, hielt das Leben, wo er konnte, und sprach: „Mein Stündlein ist noch nicht gekommen." Und Elias, Jonas und mehr Propheten riefen und schrien nach dem Tod vor großem Weh und Verdruss des Lebens und verfluchten dazu ihre Geburt, Tag und Leben, dennoch mussten sie leben und solchen Überdruss mit aller Macht und Ohnmacht tragen, bis ihr Stündlein kam.

Solchen Worten und Exempeln als des Heiligen Geistes Worten und Vermahnungen müsst Ihr wahrlich folgen und die Gedanken, die Euch dawider treiben, ausspeien und auswerfen. Und ob's Euch sauer und schwer zu tun ist, so lasst Euch dünken, als wäret Ihr gebunden und gefangen mit Ketten, woraus Ihr Euch wirken und würgen müsst, dass Euch der Schweiß ausbreche. Denn des Teufels Pfeile, wenn sie so tief stecken, lassen sich nicht mit Lachen und ohne Mühe ausziehen, sondern mit Kraft muss man sie herausreißen.

Darum müsst Ihr gegen Euch selbst ein Herz und Trotz fassen und mit Zorn zu Euch selbst sprechen: „Nein, Gesell, wenn Du noch so ungern lebtest, so sollst

Du leben und musst mir leben. Denn so will's mein Gott, so will ich's haben; hebt Euch, ihr Teufelsgedanken, in den Abgrund der Hölle mit Sterben und Tod; hier habt ihr nichts zu schaffen" und so weiter. Und die Zähne zusammengebissen wider die Gedanken und in Gottes Willen solchen harten Kopf aufgesetzt und halsstarriger und eigensinniger sich gemacht als irgendein böser Bauer oder Weib, ja, härter, als irgendein Amboss noch Eisen ist! Werdet Ihr Euch so angreifen und wider Euch selbst kämpfen, so wird Euch Gott gewisslich helfen.

Wenn Ihr Euch aber nicht sperrt noch wehrt, sondern lasst die Gedanken mit aller Muße Euch frei plagen, so habt Ihr bald verloren.

Aber der allerbeste Rat über allen Rat ist, wenn Ihr überhaupt nicht mit ihnen kämpfen möchtet, sondern könntet sie verachten und tun, als fühltet Ihr sie nicht und gedächtet immer an etwas anderes, und sprecht so zu ihnen: „Wohlan, Teufel, lass mich unbehelligt, ich kann mich jetzt nicht um Deine Gedanken kümmern, ich muss reiten, fahren, essen, trinken, das oder das tun, und weiter: Ich muss jetzt fröhlich sein, komm morgen wieder" und so weiter. Und was Ihr sonst könntet vornehmen, spielen und dergleichen, womit Ihr solche Gedanken nur frei und wohl recht verachtet und von Euch weist, auch mit groben, unhöflichen Worten, wie „Lieber Teufel, kannst Du mir nicht näher kommen, so lecke mich und so weiter, ich kann Deiner jetzt nicht warten."

Ich denke zuweilen, es möchte wohl auch die Melancholia und schweres Gemüt oft die Ursache sein zu solchen Schwächen. Darum wollte ich Euer Fürstliche Gnaden, als einen jungen Mann, lieber vermahnen, immer fröhlich zu sein, zu reiten, jagen und anderer guten Gesellschaft sich befleißigen, die sich göttlich und ehrlich mit Euer Fürstliche Gnaden freuen können. Denn es ist ja doch die Einsamkeit oder Schwermut für alle Menschen Gift und Tod, sonderlich für einen jungen Menschen. So hat auch Gott geboten, dass man fröhlich vor ihm sein soll, er will kein trauriges Opfer haben, wie es im Buche Moses oft geschrieben steht und in Jesus Sirach: „Freue Dich, Jüngling, in Deiner Jugend und lass Dein Herz guter Dinge sein!" Es glaubt niemand, welchen Schaden es einem jungen Menschen

Trost

zufügt, der Freude zu wehren und ihn zur Einsamkeit oder Schwermut zu weisen.

Euer Fürstliche Gnaden haben den Magister Nikolaus Hausmann und andere mehr, mit denen seien Sie fröhlich; denn Freude und guter Mut – in Ehren und Zucht – ist die beste Arznei für einen jungen Menschen, ja, für alle Menschen. Ich, der ich mein Leben mit Trauern und Sauer-Sehen zugebracht habe, suche und nehme Freude an, wo ich kann. Es gibt doch jetzt, Gott Lob, soviel Erkenntnis, dass wir mit gutem Gewissen fröhlich sein können und mit Danksagung seine Gaben gebrauchen, dazu hat er sie geschaffen und hat Wohlgefallen daran. Habe ich's nicht getroffen und hiermit Euer Fürstliche Gnaden Unrecht getan, so wollen Euer Fürstliche Gnaden mir den Fehler gnädiglich verzeihen. Denn ich denke fürwahr, Euer Fürstliche Gnaden möchten nicht so dumm sein anzunehmen, sich fröhlich zu halten wäre eine Sünde; wie mir oft geschehen und noch wohl zuweilen geschieht. Wahr ist's, Freude in Sünden ist des Teufels, aber Freude mit guten, frommen Leuten in Gottesfurcht, Zucht und Ehren, wenngleich ein Wort oder Späßchen zu viel ist, gefällt Gott wohl. Euer Fürstliche Gnaden seien nur immer fröhlich, beides: inwendig in Christo selbst und auswendig in seinen Gaben und Gütern. Er will's so haben, ist darum da, und gibt darum uns seine Güter, sie zu gebrauchen, dass wir fröhlich sein sollen und ihn loben, lieben und danken immer und ewiglich.

~~~

In meinem Hause ist allmählich ein Hospital entstanden. Hanna, Augustins Frau, hat die Pest in sich gehabt, kommt aber wieder auf. Margarethe von Mochau hat uns durch ein verdächtiges Geschwür und andere Anzeichen Angst gemacht, obwohl auch sie wieder gesund wird. Ich fürchte sehr für meine Käthe, die der Niederkunft nahe ist, denn auch mein Söhnchen ist seit drei Tagen krank, isst nichts und fühlt sich schlecht. Man sagt, es sei der Schmerz vom Zähnekriegen, aber man glaubt, dass beide in großer Gefahr sind. Denn des Kaplans Georg Frau, die selber unmittelbar vor ihrer Niederkunft steht, ist von der Pest ergriffen worden, und man versucht bereits, ob das Kind irgendwie gerettet werden kann; der Herr Jesus stehe ihr barmherzig bei.

So sind äußerlich Kämpfe, innerlich Ängste, und sehr bittere; Christus sucht uns heim. Ein Trost bleibt, den wir dem wütenden Satan entgegensetzen: dass wir wenigstens das Wort Gottes haben, um die Seelen der Gläubigen zu retten, wenn er auch die Leiber verschlingt. Darum befiehl uns den Brüdern und Dir selbst, dass Ihr für uns betet, dass wir die Hand des Herrn tapfer ertragen und des Satans Macht und List besiegen, es sei durch Tod oder Leben. Amen.

Einheit der Christen

Darum rate ich allen Priestern aufrichtig, dass sie von nun an Buße tun, die Messe aufgeben und wieder Laien werden oder dass sie lernen, die Messe recht zu gebrauchen, damit sie, sobald es sein kann, aus dem grauenhaften Zorn Gottes herauskommen. Darum mögen die törichten Sophisten und Papisten eines, das sie wollen, wählen: Entweder sie beweisen ihr Priestertum mit der Schrift, oder sie bekennen, dass sie nichts anderes sind als Masken des Teufels und verfluchte Götzen. Denn was seinen Ursprung nicht aus der Schrift hat, das ist gewiss vom Teufel selbst. Alle Werke Gottes, namentlich diejenigen, die zur Seligkeit gehören, sind in der Schrift zuverlässig angeordnet und angezeigt, damit sich niemand entschuldigen kann.

Wer sagt, dass eine äußerliche Versammlung oder Einigkeit eine Christenheit mache, der vertritt gewaltsam seine eigene Meinung. Und wer die Schrift dafür heranzieht, der verkehrt die göttliche Wahrheit in seine Lügen und macht Gott zu einem falschen Zeugen – wie dieser elende Romanist tut, der alles, was von der Christenheit geschrieben steht, auf die äußerliche Pracht römischer Gewalt bezieht, während er doch nicht leugnen kann, dass der größere Teil dieses Haufens, und besonders zu Rom selbst, nicht in der geistlichen Einigkeit ist, das heißt: in der rechten Christenheit, um ihres Unglaubens und bösen Lebens willen. Denn wenn das wahre Christen machte, dass man in der äußerlichen römischen Einigkeit ist, so wäre kein Sünder unter ihnen, sie bedürften auch des Glaubens nicht noch der Gnade Gottes, durch die sie Christen würden, sondern diese äußerliche Einigkeit wäre genug.

Daraus folgt und muss folgen, dass, wie es nicht Christen macht, unter der römischen Einigkeit zu sein, so auch weder Ketzer noch Unchristen machen kann, außerhalb derselben Einigkeit zu sein. Ich will hören, wer mir das auflösen will. Denn was notwendig ist, das muss einen rechten Christen machen; macht es aber nicht einen rechten Christen, so ist es nicht notwendig; so wie es mich nicht zu einem rechten Christen macht, dass ich zu Wittenberg oder zu Leipzig bin.

Ist es nun klar, dass die äußerliche Einigkeit der römischen Versammlung nicht Christen macht, so macht das Fernsein von ihr gewiss auch keine Ketzer oder Abtrünnige. Darum kann es auch nicht wahr sein, dass es göttliche Ordnung sei, unter der römischen Gemeinde zu sein.

Mühe und Muße

Christus lehrt im Matthäusevangelium Kapitel 6, Vers 31, wir sollten nicht darum besorgt sein, was wir essen, trinken und wie wir uns kleiden, da ja Gott dafür sorgt und weiß, dass wir dessen bedürfen.

Nun sagen etliche: Ja, verlass Dich drauf, sorge nicht und sieh, ob Dir ein gebratenes Huhn ins Maul fliegt. Ich sage nicht, dass niemand arbeiten und Nahrung suchen soll, sondern er soll nicht sorgen, nicht geizig sein, nicht verzagen, ob er genug haben werde. Denn wir sind in Adam alle zur Arbeit verurteilt, da Gott sagt: „Im Schweiß Deines Angesichts sollst Du essen Dein Brot." Und im Hiobbuch steht: „Wie der Vogel zum Fliegen, so ist auch der Mensch geboren zur Arbeit." Nun fliegen die Vögel ohne Sorge und Geiz, ebenso sollen auch wir arbeiten ohne Sorge und Geiz. Wenn Du aber sorgst und geizig bist, damit Dir das gebratene Huhn ins Maul fliege, dann sorge und sei geizig und sieh zu, ob Du Gottes Gebot erfüllen und selig werden wirst.

Dieses Leben ist so beschaffen, dass man nicht müßig stehen soll, sondern fortschreiten, nämlich etwas schaffen soll im Haus oder im Staat: Verleihe also Gnade, dass wir dies weise, das ist in Demut und in Deiner Furcht tun und uns erinnern, dass wir wegen unserer Sünde unter Deinem Zorn sind; und nicht im Bodensatz der Menschen gefunden werden, die weder von ihrem Leben noch ihrem Tode etwas wissen noch dafür sorgen, sondern nur den Bauch füllen, Ruhm und Macht suchen.

Während der äußere Mensch sich mit Mühen plagt, soll das Herz oder der neue Mensch an die Stelle von Sorgen Gebete setzen und sagen: Herr, ich folge meinem Beruf, ich tue also alles in Deinem Namen, lenke Du, und so weiter. Dieser Trost ist so groß, dass man es mit Worten nicht sagen kann; denn auch wenn die Sache schlecht geht, bist Du doch ruhigen Herzens und sagst: Gott hat es so gefallen, ich habe getan, was an mir lag.

Ein menschliches Herz kann im Glück nicht Maß halten; wiederum kann es das auch ebenso wenig, wenn es übel zugeht, dass es nicht gleich verzagen und versinken will. Es ist zu weich und zu schwach auf beiden Seiten, freilich viel schwächer darin, Glück als Unglück zu ertragen. Wie man sagt: Ein Mensch kann alles besser ertragen als gute Tage; oder auch: Es müssten gar starke Beine sein, die gute Tage ertragen sollten.

Das sieht man auch in der Erfahrung. Wem Gut, Ehre und allerhand Glück in seinem Sinn zufällt, der kann nicht aufhören zu prassen, zu trotzen, zu stolzen und zu toben, bis Unglück kommt und ihm wehrt; wie man sagt: Gut macht Mut, Mut macht Hochmut, Hochmut macht Armut, Armut aber wehtut, Wehtun sucht wieder Gut. Das ist der Welt Lauf in ihrem Reif und Kreis und der Menschen Art; da wird nichts anderes daraus.

Text-
nachweise

Textnachweise

Textnachweise

173

Textnachweise

153 *Ich vermute, dass die Nachricht:*
Brief an Justus Jonas. 23. September 1542. WA Br 10; 149 f. Nr. 3794

154 *Mir ist von guten Freunden angezeigt:* Brief an Jonas von Stockhau-
sen, 27. November 1532. WAB 6;
386 Nr. 1974

157 *Ich denke zuweilen:* Brief an Fürst
Joachim von Anhalt. 1534. WAB 7,
111 f Nr. 2143

159 *In meinem Hause ist allmählich ein
Hospital:* Brief an Nikolaus von
Amstorf. 1527. WAB 4; 275. Nr. 1164

162 *Darum rate ich allen Priestern:*
Vom Missbrauch der Messe. 1521.
WA 8; 492

162 *Wer sagt, dass eine äußerliche
Versammlung:* Von dem Papsttum
zu Rom wider den hochbe-
rühmten Romanisten zu Leipzig.
1520. WA 6; 294

166 *Christus lehrt:* Von den guten
Werken. 1520. WA 6; 271 f

167 *Dieses Leben ist so beschaffen:*
Enarratio Psalm 90. 1541. WA 40 III;
574

167 *Während der äußere Mensch:* In
15 Psalmos graduum. 1532/33.
WA 40 III; 234

168 *Ein menschliches Herz kann im
Glück:* Der Prophet Habakuk aus-
gelegt. 1526. WA 19; 372